本书得到深圳市哲学社会科学规划 2023 年度一般课题"基于全周期理念的深圳城市治理体系建构研究"（SZ2023B021）、深圳大学 2023 年度马克思主义理论与思想政治教育研究专项资助项目"新时代中国国家治理的制度优势及其内在逻辑研究"（23MSZX11）的支持

深圳大学当代中国政治研究所学术文库

丛书主编：黄卫平

地方治理的实践现象
及其逻辑解释

陈科霖　著

The Practical Phenomenon
and
Logical Explanation of Local Governance

社会科学文献出版社
SOCIAL SCIENCES ACADEMIC PRESS (CHINA)

总　序

　　深圳大学当代中国政治研究所于 1998 年筹建，1999 年 12 月 21 日正式成立。2003 年，深圳大学整合全校政治学资源，重新组建当代中国政治研究所为直属学校的研究机构，同年底，当代中国政治研究所被遴选为广东省高校人文社会科学重点研究基地，此后，研究所连续三次在省教育厅重点基地评估中获"优秀"等次。成立 20 年以来，研究所依托深圳在改革开放中独特的地缘优势，在当代中国政治、执政党建设、地方政府创新、基层治理、港澳政制等研究领域凝聚了一支精干的学术团队，重点围绕改革开放和现代化建设亟待解决、广大干部群众关心的具有全局性、战略性、前瞻性的重大理论和现实问题，深入调查研究、深入钻研探索、组织协同攻关，产出了一系列高层次项目、高水平论文、高档次获奖和高级别批示"四高"成果，不仅在国内外学术界产生了显著影响并享有颇高的显示度和美誉度，还在各级党委政府的改革决策过程中发挥了重要的智库作用。

　　当代中国政治研究所地处中国市场经济改革的先行地区和"一国两制"实践的结合部。虽然它远离高校学术主流圈和国家的政治中心，却深深地植根于充满生机和活力的经济特区，直面深刻的社会转型。多年来我们一直在努力开拓 21 世纪当代中国政治研究的新空间，积极响应中共中央关于"建设社会主义法治国家""坚持和完善社会主义民主制度""加强党的执政能力建设""构建和谐社会""坚持和加强党的全面领导"的号召，在政治学研究中努力贯彻"为中国特色社会主义事业和国家治理现代化"服务的精神，"贴近实际、贴近生活、贴近群众"，主动为党和政府的改革决策提供咨询服务，本着高度的政治责任感和历史使命感，专以研究重大且敏感的现实政治问题为己任。20 余年来，我们充分利用中国改革开放的"天时"、深圳经济特区的"地利"和深圳大学中青年政治学者的"人和"主动创造相对优势，积极探索在社会主义市场经济条件下发展社会科学研究的新路子。

我们努力将"市场"理念引入研究所的发展，本着"不求圆满，但求卓越"的精神，遵循"合适的才是最好的"原则，主动开发四个"细分市场"，尽可能使我们的研究"产品"适销对路：其一是为党和政府提供决策咨询的"高端市场"，主要指承担党和政府有关部门委托的调研课题，也包括承担国家、广东省、深圳市社科规划项目；其二是让世界各国政府、人民了解中国政治发展的"国际市场"，包括发表解读当代中国政治发展的研究报告，承担国际合作研究项目，接待外国使（领）馆、学术界和媒体的来访等；其三是向社会公众普及政治学知识和传播现代政治理念，弘扬政治文明的"大众市场"，包括为社会提供有关政治问题的学术讲座，在报纸上发表时政评论，接受媒体采访等；其四是学者们相互交流的传统"学术市场"，即发表专业论文、出版学术专著等。

我们努力探索高校社会科学研究机构的管理体制改革，研究所的运行实行"小核心，大网络"，即管理机构精简，人员精干，追求高效率、低成本运作，而研究活动则推行校内外、省内外、国内外、多层次的合作与交流，建立广泛的学术网络和专兼职研究团队。我们通过不断与学术、政治中心的沟通与协作，以主动承揽和积极应标等方式，全方位开拓课题源。我们精心策划研究选题，以研究人员的自由、自愿组合为基本形式，以研究对象的"本土化"特点和争取研究成果的"全球化"意义为奋斗目标。经过多年努力，研究所初步形成了如下特色。

（1）研究问题的前沿性。我们先后在国内率先展开了社会利益集团的产生及其政治影响研究、乡镇长选举方式改革的跟踪与比较研究、基层人大代表竞选现象研究、省部级现职领导干部家庭财产申报制度问题的研究等，积极探索我国现实政治发展中的敏感和前沿问题，努力开拓政治学研究的现实领域。

（2）研究方法的实证性。我们长期对全国的乡镇长选举方式改革和基层人大代表的竞选现象进行跟踪和比较研究，坚持采取现场观摩、实地考察、问卷调查、当面访谈等实证研究方法，先后深入许多省（自治区、直辖市）的基层选区，搜集第一手原始资料，出版了一些纪实性案例分析类著作，如《乡镇长选举方式改革：案例研究》《2003年深圳竞选实录》《2003年北京市区县人大代表竞选实录》等，具有一定的史料价值。

（3）研究重点的本土性。我们充分利用地处深圳经济特区的地缘优势，首先将研究的焦点锁定在我国市场化改革的先行地区——深圳本土出现的最新微观政治现象，由此而见微知著，去宏观地思考市场经济条件下中国政治发展的大趋势，努力为党和政府的高端决策提供咨询意见，由此打造我们在当代中国政治研究中的"核心竞争力"。

（4）研究活动的开放性。我们在党和政府有关部门的指导下，长期广泛地与原中央编译局当代马克思主义研究所、北京大学政治发展与政府管理研究所、华中师范大学中国农村问题研究中心等国内学术主流圈合作，开放地吸收校内外的学者共同开展课题研究和举办学术研究会，有效地提升了研究所的学术品位，并在与国内外主流媒体的良性互动中，初步达成了一定的社会显示度。

在研究所的发展中，我们已先后推出了"当代中国政治研究报告""政治学与公共管理译丛""香港问题研究论丛"等系列丛书，这些著作的出版发行有效地推动了研究所的学术交流与合作，现在我们又推出这一套"深圳大学当代中国政治研究所学术文库"，其功能定位是专门出版我们所的专、兼职研究人员的学术研究性专著，由所学术委员会组成编委会，实行双向匿名评审，我们将与多家出版社合作，努力使这套文库成为研究所的长期系列出版物之一，并希望能够继续不断地得到学术界同仁的关注与批评，恳请国内外专家学者不吝赐教。

黄卫平

深圳大学当代中国政治研究所所长、教授

2005 年 7 月 1 日

序

　　《地方治理的实践现象及其逻辑解释》一书的作者陈科霖是我的博士研究生。自他博士毕业以来，我始终在关注他的博士学位论文进一步修改提升的新进展，并就他申报相关后期资助提出了一些建议。但因种种原因，他的博士学位论文未能公开出版，深以为憾。近日得知他把近年来从事地方治理的相关研究成果结集成册并将出版，甚感欣慰，很高兴能够受邀为他博士毕业后来之不易的第一本书稿作序。

　　我在新近出版的专著《功能性分权：中国的探索》后记中写道："每个学术团队都会有特定的精神气质，我在团队倡导与践行的精神则是'愚公移山精神'。"我的学术团队长期以来致力于对中国政治现象的解释性研究，在反腐败与权力制约监督、行政问责与责任政府、地方政府治理与创新等领域取得了不少有代表性的成果，并在国内形成了研究特色。特别是我带领的学术团队所提出的一系列新的解释性概念如权力法治、第三区域、功能性分权、三重治理逻辑与法治悖论等，已经得到了学术界的广泛关注并得到许多著名学者的认可。这些成绩既是我30年以来坚持探索的结果，也是包括陈科霖在内整个学术团队集体智慧的结晶。

　　陈科霖自本科以来就是我的学生，本科毕业后更是在我的指导下直接攻读博士学位。其九年的求是园学习历程都是在浙江大学公共管理学院行政管理专业度过的。在我带领的学术团队求学期间，他参与了2009年国家社会科学基金重大项目"健全权力运行制约与监督机制研究"（09&ZD007）的结题工作，全程参与了2014年国家社会科学基金重大项目"反腐败法治化与科学的权力结构和运行机制研究"（14ZDA016）的研究工作，并参与了2018年国家社会科学基金重大项目"基于法治中国建设的党和国家监督体系研究"（18VSJ052）的申报工作。作为一位青年学人，陈科霖能够参与以上三项国家社会科学基金重大项目的研究工作殊为不易。在这个过程中，他的学术能力也不断得到提升。在攻读博士学位期间，他在核心以上级别期刊发表学术论文10余篇。博士毕业后，他迅速成长为深圳大学政治学学科的青年学术骨干。作为导师，我还听说过他在工作期间因废寝忘食而产生的"趣事"——在办公室通宵奋战后，赶回家休息不到一个小时，因参加重要活动而返回学校，在同事发现他穿错不同颜色的皮鞋之前，他本人浑然不知！正是因为他有这样的奋斗精神，我坚信，他工作以来取得的这些成绩是扎实的，更是他未来取得新的更大成绩的起点。但作为导师，我还是希望他能够戒骄戒躁，在学术人生的漫漫长路上行稳致远。

期待能够看到他新的优秀成果，同时也希望团队里每个已毕业的同学都能够越来越好！

陈国权

浙江大学求是特聘教授、博士生导师

浙江大学中国地方政府创新研究中心主任

浙江工商大学公共管理学院名誉院长

2023 年 10 月 1 日

目 录
Contents

第一章　行政区划视域下的
纵向府际关系

第一节　中国撤县设区（1978–2023）：
回顾与思考①

一　撤县设区问题的历史背景及研究缘起

行政区划是国家为实现有效行政管理而对所管理的行政区域进行划分的产物。作为政权建设和政府管理的重要手段，行政区划是国家权力再分配的基本框架，也是地方政府权力机构设置的基础。② 作为领土广袤、人口众多、区域差异巨大、政府层级庞杂的单一制大国，有效的多级行政区划体制深刻地平衡了一统体制与有效治理之间的矛盾。"郡县

---

① 本节中的"撤县设区"，既包括撤销"县"，也包括撤销"县级市"，还包括通过其他形式的县域层级行政区划调整，从而设立新的"市辖区"的改革过程。
② 高祥荣：《"撤县（市）设区"与政府职能关系的协调》，《甘肃行政学院学报》2015 年第 3 期。

治，天下安"①——县作为中国国家治理最为基层的行政单位，对于维护国家统治的稳定具有重要的意义。作为中国最古老的行政区划建制，县制的滥觞可追踪至周代。"县"最初指周天子的食邑，《说文解字》中对"县"的解释即为"天子畿内，县也"。公元前541年晋平公设立的绛县是当前文献资料中所能够找到的最早的县治设置。随着秦朝完成大一统，并在全国范围内实施郡县制，县作为中国行政区划基本单元的地位得以确立并延续至今。

城市是随着人口不断集聚而产生的区域系统。在中国的古代，"城"与"市"不同，"市"形成于生产力发展基础上产生的商品交换，从最初每月固定的商品交换集散地，到常态化的生产分工与商品交换的形成，"市"作为人流、物流与资金流的枢纽，逐步成了国家政治、经济的中心。为了防御来自游牧民族的征伐，同时也为了应对农耕民族内部之间的相互征伐，为保护"市"而建立的"城"逐步形成。"城"与"市"在功能性层面的结合造就了中国古代城市的基本格局。直至我国近代化的早期，大部分城市仍以城墙为界，从而形塑了"城市"与"乡村"的二元结构。但与此同时，以上海为代表的近代开埠城市则开启了城市发展的新阶段——西方殖民者在城墙外先后建立的"租界"，极大地拓展了传统城市的范围，推动了大城市的治理作为新的议题出现在城市管理者的手中。民国时期，城市政区在行政区划方面做了多样化的探索：广州、北平等地出现的"城市警区"，成了现代市辖区的雏形；以上海公共租界为代表的租界，有着租界内部的特殊行政

---

① 此处有必要做一个说明，当前常用的"郡县治，天下安"并未有明确的出处。一种可能的解释是，东汉荀悦《前汉纪·前汉孝惠皇帝纪卷第五》载："六王、七国之难作者，诚失之于强大，非诸侯治国之咎。其后遂皆郡县治民，而绝诸侯之权矣"。《前汉纪·前汉孝文皇帝纪上卷第七》又载："欲天下之治安，莫若众建诸侯而少其力。力少则易制，国小则无邪心。令海内之势，如身之使臂，臂之使指，莫不从制。从制则天下安矣。"这段话进一步被引申为"郡县治民，从制则天下安矣"，随后又被精简为"郡县治，天下安"。参见人民日报评论部编著《习近平用典（第一辑）》，人民日报出版社，2015。

分区；以长春为代表的沦陷区，采用了侵略国的行政区划模式，将城市划分为若干"市街区"与"农村区"①。但总体而言，民国时期并未形成现代意义上的市辖区。

中华人民共和国成立之初，大部分城市仍沿用了旧有的警区划分，不少大城市的分区名称甚至以数字编号②。随后，城市的行政区划经历了较为复杂且密集的调整。市辖区作为城市政府的二级政府，其法律地位源于1954年制定的《中华人民共和国宪法》。《宪法》第五十三条规定：

> 中华人民共和国的行政区域划分如下：
>
> （一）全国分为省、自治区、直辖市；
>
> （二）省、自治区分为自治州、县、自治县、市；
>
> （三）县、自治县分为乡、民族乡、镇。
>
> 直辖市和较大的市分为区。自治州分为县、自治县、市。
>
> 自治区、自治州、自治县都是民族自治地方。③

随后，《宪法》第五十四条进一步规定：

> 省、直辖市、县、市、市辖区、乡、民族乡、镇设立人民代表大会和人民委员会。④

上述两条规定正式确立了市辖区作为市级政府的二级政府建制地位。

---

① 1937年，长春划分为12个市街区与6个农村区；1940年重新划分为8个市街区与6个农村区；1942年再次划分为10个市街区与6个农村区；1943年在此基础上增设2个农村区。

② 例如，1950年，北京市政府将北外城区划分为9个区，分别称第一区至第九区；1949年5月，将原武昌、汉口、汉阳三地合并为新武汉市行政区域，并下设第一区至第二十六区；1949年1月，天津设置为直辖市，并下辖12个区，分别为第一区至第十一区以及塘大区。

③ 《改革开放三十年重要文献选编》上，中央文献出版社，2008，第304~305页。

④ 《改革开放三十年重要文献选编》上，中央文献出版社，2008，第305页。

1949~1958 年，我国经历了一波快速的城市化发展时期，特别是随着《中苏友好同盟互助条约》的签订以及"一五"计划的实施，城市开始大量吸纳农村人口并把他们转变为产业工人。城市化的大力推进以及城市人口的快速增加[1]，使城乡之间的粮食关系变得高度紧张。当时的一则资料可以说明这一困境及政府的态度——"社会主义国家力求避免人口过多集中到城市，这和资本主义国家对待这一问题的态度是不同的"[2]。为了缓解"三年困难时期"城市商品粮供应的压力，并扭转前期城市化大力推进的负面影响，《关于劝止农民盲目流入城市的指示》《关于当前城市工作若干问题的指示》等一系列文件相继颁布或从严实施。在行政区划层面，"撤县设区"尚未具备成为一项决策议题的可能性并进入决策者的视野之中。

改革开放后，城市化的高速发展催生了"撤县设区"的热潮。表1-1 以中华人民共和国成立以来每十年为一阶段加以划分，比较了城市化率的变化与撤县设区数量的变化。不难看出，改革开放前，撤县设区并未开展实施，而随着改革开放以来城市化的高速发展，撤县设区的数量呈现出了同步快速提升的态势。

表 1-1　新中国成立以来城市化率变化与撤县设区数量比较

时间段	城市化率变化	撤县设区数量
1949~1959	10.64%~16.25%（年均增幅 5.61‰）	0
1960~1969	16.25%~17.50%（年均增幅 1.25‰）	0
1970~1979	17.5%~19.99%（年均增幅 2.49‰）	0
1980~1989	19.99%~26.21%（年均增幅 6.22‰）	11（年均 1.1 个）
1990~1999	26.21%~30.89%（年均增幅 4.68‰）	29（年均 2.9 个）
2000~2009	30.89%~46.59%（年均增幅 15.70‰）	66（年均 6.6 个）
2010~2019	46.59%~60.6%（年均增幅 14.01‰）	117（年均 11.7 个）

资料来源：笔者自制。

---

[1] 例如，1957 年至 1960 年，全国城镇人口从 9950 万增长至 13070 万。参见王黎锋《中国共产党历史上召开的历次城市工作会议》，《党史博采（纪实）》2016 年第 7 期。

[2] 上海市人口办公室：《关于为什么要劝阻外地人口盲目流入上海的资料》，上海市档案馆，B25-2-6-77。

对于地方政府而言，推动辖区城市化的成果，在一个侧面上可以反映在属地政府的名称之上。相比于"县"而言，"市"和"区"意味着其城市化水平要优于县域。与此同时，国务院于1986年批转了民政部《关于调整设市标准和市领导县条件报告的通知》，该通知明确了设市和撤县设市的标准，因而在城市化初期，地方政府较多地选择了"撤县设市"的发展模式，如义乌、桐乡等县级市均是在这一时期调整设立的。随着地方政府"撤县设市"热情的高涨，1993年，国务院批转了民政部《关于调整设市标准的报告》。报告明确以人口密度标准就三类县域撤县设市的标准作出了规定，如表1-2所示。

表1-2 《关于调整设市标准的报告》中规定的撤县设市标准

	每平方公里人口密度在400人以上的县	每平方公里人口密度在100~400人的县	每平方公里人口密度在100人以下的县
人口	县人民政府驻地所在镇从事非农产业的人口不低于12万，其中具有非农业户口的从事非农产业的人口不低于8万。县总人口中从事非农产业的人口不低于30%，并不少于15万	县人民政府驻地所在镇从事非农产业的人口不低于10万，其中具有非农业户口的从事非农产业的人口不低于7万。县总人口中从事非农产业的人口不低于25%，并不少于12万	县人民政府驻地所在镇从事非农产业的人口不低于8万，其中具有非农业户口的从事非农产业的人口不低于6万。县总人口中从事非农产业的人口不低于20%，并不少于10万
经济	全县乡镇以上工业产值在工农业总产值中不低于80%，并不低于15亿元；国内生产总值不低于10亿元，第三产业产值在国内生产总值中的比例达到20%以上；地方本级预算内财政收入不低于人均100元，总收入不少于6000万元，并承担一定的上解支出任务	全县乡镇以上工业产值在工农业总产值中不低于70%，并不低于12亿元；国内生产总值不低于8亿元，第三产业产值在国内生产总值中的比例达到20%以上；地方本级预算内财政收入不低于人均80元，总收入不少于5000万元，并承担一定的上解支出任务	全县乡镇以上工业产值在工农业总产值中不低于60%，并不低于8亿元；国内生产总值不低于6亿元，第三产业产值在国内生产总值中的比例达到20%以上；地方本级预算内财政收入不低于人均60元，总收入不少于4000万元，并承担一定的上解支出任务
基础设施	城区公共基础设施较为完善。其中自来水普及率不低于65%，道路铺装率不低于60%，有较好的排水系统	城区公共基础设施较为完善。其中自来水普及率不低于60%，道路铺装率不低于55%，有较好的排水系统	城区公共基础设施较为完善。其中来自水普及率不低于55%，道路铺装率不低于50%，有较好的排水系统

随着撤县设市标准的规范化，截至 1998 年底，我国县级市数量达到 437 个，其中 80% 均为"撤县设市"的产物。① 由于假性城市化、占用耕地及城市过快发展中出现的问题，国务院曾于 1994 年紧急叫停撤县设市，并于 1997 年正式冻结撤县设市的进程。

与此同时，随着分税制改革的进一步深化，中央与地方政府间的财政分配进一步扭曲，地方政府的财政收入来源日渐趋紧。而市辖区相较于县（市），其能够更直接地充实市级财政的来源，并在城市化进程中进一步为"土地财政"提供资金支持的特性，使"撤县设区"作为"撤县设市"的替代性方案为广大中心城市所接受。与此同时，相比于"撒胡椒面"式的分散城市化，做大做强中心城市的虹吸效应可以进一步扩大中心城市的影响力，并进而能够创造基于扩散效应反哺周边地区的可能性，使"撤县设区"迅速成为各地级市扩张的首选方案。

近年来，针对地方行政区划改革领域的研究多集中于"省管县"与"市管县"层面，"撤县设区"这一主题的研究相对较少。这一领域高被引文章的研究主题集中于以下几个方面：一是城市规划学与经济地理学的相关研究。该领域的研究主要为实证进路，如基于江宁、丹徒、铜山、六合、浙江等案例的分析。② 二是基于政治学与公共管理学进路

---

① 相关数据为笔者统计。

② 罗小龙、殷洁、田冬：《不完全的再领域化与大都市区行政区划重组——以南京市江宁撤县设区为例》，《地理研究》2010 年第 10 期；张蕾、张京祥：《撤县设区的区划兼并效应再思考——以镇江市丹徒区为例》，《城市问题》2007 年第 1 期；李浩：《"撤县设区"的规划调整效应——以徐州市铜山区为例》，《城乡建设》2011 年第 10 期；涂志华、汤伯贤、王珂、张为真：《"撤县设区"型新市区城乡规划体系构建研究——以南京市六合区为例》，《城市规划》2011 年第 S1 期；吕凯波、刘小兵：《城市化进程中地方行政区划变革的经济增长绩效——基于江苏省"县改区"的个案分析》，《统计与信息论坛》2014 年第 7 期；耿卫军：《"撤县设区"能促进区域发展吗——基于浙江省 1993-2013 年县际面板数据的分析》，《特区经济》2014 年第 9 期。

的研究，该领域的研究侧重于宏观描述、机制分析与政策建议。[①] 但相关的研究缺乏系统性的总体梳理，为此本节将基于 1978～2023 年的撤县设区进程对这一问题的相关实践进行系统性的回顾，进而对撤县设区议题展开深入的反思与评论。

二 我国撤县设区实践的基本概况

（一） 时间与数量变化

我国行政区划的调整经过了切块设市、撤县改市、地市合并、撤县设区等阶段，县、县级市与市辖区三者的数量也随着政策的变化而增减。从总体上来看，我国市辖区的数量不断上升，县的数量不断下降，而县级市的数量则先快速上升随后缓慢下降。

从时间和数量变化上看，改革开放至今，撤县设区的改革实践不断发展，但并非处于一直上升的过程，而是有着几个增长到回落的阶段。由图 1-1 可以看出，改革开放以来，撤县设区的实践在 2000 年左右迎来第一波小高潮，在随后的 3 年里，撤县设区数量呈现爆发式增长，直至 2003 年回落走低；而另一个明显的节点在 2011 年，自该年起，撤县设区数量迎来了新一轮的爆发增长，且撤县设区的数量远远超过了 2000 年之后的第一波高潮。不难看出，2000 年和 2011 年成为整个撤县设区政策历程中的两个重要时间节点，那么是何种政策原因导致了撤县设区数量的激增与周期性变化？

---

① 高琳：《快速城市化进程中的"撤县设区"：主动适应与被动调整》，《经济地理》2011 年第 4 期；殷洁、罗小龙：《从撤县设区到区界重组——我国区县级行政区划调整的新趋势》，《城市规划》2013 年第 6 期；单凯、占张明：《"省直管县"政策下地级市"撤县设区"行为研究——以浙江省为例》，《中共杭州市委党校学报》2015 年第 3 期；李金龙、翟国亮：《撤县设区的科学规范探究》，《云南社会科学》2016 年第 5 期；叶林、杨宇泽：《中国城市行政区划调整的三重逻辑：一个研究述评》，《公共行政评论》2017 年第 4 期；陈科霖：《"撤县设区"热，尚需"冷思考"》，《南方都市报》2017 年 1 月 3 日。

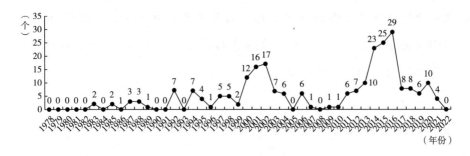

图 1-1　1978~2022 年我国撤县设区的数量变化
资料来源：根据中国行政区划网（http://www.xzqh.org）数据整理。

20 世纪 90 年代初期，我国撤县设区的实践相对零散，主要原因是在各地实行大规模的"撤县改市"政策，此时我国的县级市数量在不断增加（见图 1-2），大多数县由此升级为县级市。此外，在 1993 年《政府工作报告》中再次明确了"地市合并"的市管县体制，因此撤县设区的实践相对较少。直到第一个转折点前的 1997 年，撤县改市政策被中央叫停，县级市的数量开始趋于稳定并缓慢下降。面对大城市急待发展与扩张的冲动，撤县设区的政策选择很好地契合了这一需求，并成为大都市区发展的可行策略。因而在此之后，撤县设区的实践逐渐进入高峰期，但撤县设区在 2002 年达到高点之后又开始下降，并在 2008 年前后近乎停滞。第二个转折点发生在 2011 年，此轮撤县设区的实践呈现爆发性增长的态势。2009 年，财政部在《关于推进省直接管理县财政改革的意见》中强调改革的总体目标是在 2012 年底之前，在除了自治区、自治州、自治县之外的省（直辖市）进行全面的财政"省直管县"改革。财政省管县意味着县级财政由原来的市级管理转变为省级统筹，改革的初衷是为了"强县扩权"，但从另一个层面上削弱了地级市的财政能力，因而地级市在巨大的财政压力下引发了第二轮强大的撤县设区冲动。

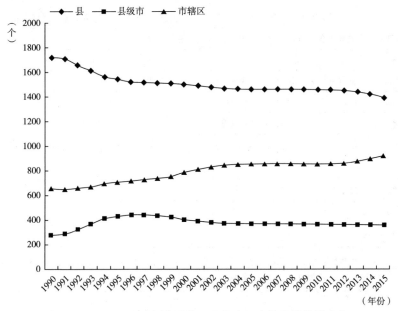

图 1-2　1990~2015 年我国县、县级市、市辖区的数量变化

资料来源：根据中华人民共和国国家统计局（http：//data.stats.gov.cn/easyquery.htm？cn=C01）数据整理。

（二）空间与强度变化

表 1-3 呈现了 1978~2023 年我国撤县设区的基本概貌。不难看出，在东、中、西部，以及直辖市、副省级城市、省会城市乃至普通地级市，均有撤县设区的实践案例。这也从侧面说明我国城市化水平的整体提高。

表 1-3　1978~2023 年我国撤县设区概况

年份	撤县设区情况（括号外为撤县设区后的行政区名称，括号内为原行政区名称）
1978	无
1979	无
1980	无
1981	无
1982	无

续表

年份	撤县设区情况（括号外为撤县设区后的行政区名称，括号内为原行政区名称）
1983	潍坊市寒亭区（潍县）；烟台市福山区（福山县）
1984	无
1985	宁波市镇海区（镇海县）；天水市麦积区（天水县）
1986	北京市房山区（房山县、燕山区）
1987	大连市金州区（金县）；济南市历城区（历城县）；黄山市黄山区（黄山市）
1988	上海市宝山区（宝山县和原吴淞区）；青岛市崂山区（崂山县）；朔州市平鲁区（平鲁县）
1989	内江市东兴区（内江县）
1990	无
1991	无
1992	上海市闵行区、浦东新区、嘉定区（上海县、原闵行区、川沙县、嘉定县）；温州市瓯海区（瓯海县）；武汉市蔡甸区（汉阳县）；深圳市宝安区、龙岗区（宝安县）
1993	无
1994	台州市黄岩区、路桥区（黄岩市）；烟台市牟平区、莱山区（牟平县）；郴州市苏仙区（郴县）；重庆市巴南区、渝北区（巴县、江北县）
1995	长春市双阳区（双阳县）；武汉市江夏区（武昌县）；永州市冷水滩区（冷水滩县）；泸州市纳溪区（纳溪县）
1996	厦门市同安区（同安县）
1997	北京市通州区（通县）；上海市金山区（金山县）；重庆市涪陵区、万州区（涪陵市、万县市）；西安市临潼区（临潼县）
1998	北京市顺义区（顺义县）；上海市松江区（松江县）；武汉市新洲区、黄陂区（新洲县、黄陂县）；昆明市东川区（东川市）
1999	北京市昌平区（昌平县）；上海市青浦区（青浦县）
2000	天津市武清区（武清县）；广州市番禺区、花都区（番禺市、花都市）；南京市江宁区（江宁县）；扬州市邗江区（邗江县）；淮安市楚州区（淮安市）；无锡市锡山区、惠山区（锡山市）；苏州市吴中、相城区（吴县市）；金华市金东区（金华县）；重庆市黔江区（黔江县）
2001	北京市大兴、怀柔、平谷（大兴县、怀柔县、平谷县）；天津市宝坻区（宝坻县）；上海市奉贤区、南汇区（奉贤县、南汇县）；杭州市萧山、余杭（萧山市、余杭市）；衢州市衢江区（衢县）；济南市长清区（长清县）；珠海市斗门区、金湾区（斗门县）；宜昌市夷陵区（宜昌县）；襄樊市襄阳区（襄阳县）；重庆市长寿区（长寿县）；成都市新都区（新都县）

续表

年份	撤县设区情况（括号外为撤县设区后的行政区名称，括号内为原行政区名称）
2002	唐山市丰南区、丰润区（丰南市、丰润县）；常州市武进区（武进区）；南京市浦口区、六合区（江浦县和原浦口区、六合县和原大厂区）；镇江市丹徒区（丹徒县）；宁波市鄞州区（鄞县）；莆田市秀屿区（莆田县）；佛山市南海区、顺德区、三水区、高明区（南海市、顺德市、三水市、高明市）；江门市新会区（新会市）；海口市琼山区（琼山市）；成都市温江区（温江县）；西安市长安区（长安县）；铜川市耀州区（耀县）
2003	盐城市盐都区（盐都县）；汕头市潮阳区、潮南区、澄海区（潮阳市、澄海市）；惠州市惠阳区（惠阳市）；宝鸡市陈仓区（宝鸡县）；石嘴山市惠农区（惠农县、原石嘴山区）
2004	宿迁市宿豫区（宿豫县）；韶关市曲江区（曲江县）；哈尔滨市呼兰区（呼兰县）；漯河市郾城区、召陵区（郾城县）；南宁市邕宁区（邕宁县）
2005	无
2006	白山市江源区（江源县）；哈尔滨市阿城区（阿城县）；重庆市江津区、合川区、永川区、南川区（江津市、合川市、永川市、南川市）
2007	乌鲁木齐市米东区（米泉市、原东山区）
2008	无
2009	南通市通州区（通州市）
2010	徐州市铜山区（铜山县）
2011	扬州市江都区（江都市）；长沙市望城区（望城县）；宜宾市南溪区（南溪县）；昆明市呈贡区（呈贡县）；重庆市綦江区、大足区（綦江县和原万盛区、大足县和原双桥区）
2012	苏州市吴江区（吴江市）；唐山市曹妃甸区（唐海县）；青岛市黄岛区（胶南市和原黄岛区）；清远市清新区（清新县）；雅安市名山区（名山县）；揭阳市揭东区（揭东县）；泰州市姜堰区（姜堰县）
2013	桂林市临桂区（临桂县）；南京市溧水区、高淳区（溧水县、高淳县）；达州市达川区（达县）；潮州市潮安区（潮安县）；绍兴市柯桥区、上虞区（绍兴县、上虞市）；梅州市梅县区（梅县）；赣州市南康区（南康市）；济宁市兖州区（兖州市）
2014	广州市从化区、增城区（从化市、增城市）；茂名市电白区（茂港区、电白县）；威海市文登区（文登市）；哈尔滨市双城区（双城市）；连云港市赣榆区（赣榆县）；南平市建阳区（建阳市）；重庆市璧山区（璧山县）；十堰市郧阳区（郧县）；云浮市云安区（云安县）；滨州市沾化区（沾化县）；开封市祥符区（开封县）；石家庄市藁城区、鹿泉区、栾城区（藁城市、鹿泉市、栾城县）；德州市陵城区（陵县）；眉山市彭山区（彭山县）；阳江市阳东区（阳东县）；长春市九台区（九台市）；杭州市富阳区（富阳市）；西安市高陵区（高陵县）；龙岩市永定区（永定县）；安顺市平坝区（平坝县）

续表

年份	撤县设区情况（括号外为撤县设区后的行政区名称，括号内为原行政区名称）
2015	南宁市武鸣区（武鸣县）；上饶市广丰区（广丰县）；海东市平安区（平安县）；三门峡市陕州区（陕县）；保定市满城区、清苑区、徐水区（满城县、清苑县、徐水县）；重庆市潼南区、永昌区（潼南县、永昌县）；常州市金坛区（金坛市）；肇庆市高要区（高要市）；天津市宁河区、静海区（宁河县、静海县）；盐城市大丰区（大丰市）；秦皇岛市抚宁区（抚宁县）；温州市洞头区（洞头县）；南昌市新建区（新建县）；北京市密云区（密云县）；拉萨市堆龙德庆区（堆龙德庆县）；渭南市华州区（华县）；大连市普兰店区（普兰店市）；铜陵市义安区（铜陵县）；成都市双流区（双流县）；玉溪市江川区（江川县）；榆林市横山区（横山县）
2016	张家口市宣化区、万全区、崇礼区（原宣化区和宣化县、万全县、崇礼县）；沈阳市辽中区（辽中县）；菏泽市定陶区（定陶县）；盘锦市大洼区（大洼县）；曲靖市沾益区（沾益县）；柳州市柳江区（柳江县）；遵义市播州区（遵义县）；绵阳市安州区（安县）；上海市崇明区（崇明县）；天津市蓟州区（蓟县）；淮安市洪泽区（洪泽县）；衡水市冀州区（冀州市）；延安市安塞区（安塞县）；东营市垦利区（垦利县）；赣州市赣县区（赣县）；邯郸市肥乡区、永年区（肥乡县、永年县）；宁波市奉化区（奉化市）；重庆市开州区、梁平区、武隆区（开县、梁平县、武隆县）；成都市郫都区（郫县）；昆明市晋宁区（晋宁县）；西安市鄠邑区（户县）；许昌市建安区（许昌县）；河池市宜州区（宜州市）；抚州市东乡区（东乡县）
2017	杭州市临安区（临安市）；福州市长乐区（长乐市）；九江市柴桑区（九江县）；青岛市即墨区（即墨市）；德阳市罗江区（罗江县）；拉萨市达孜区（达孜县）；汉中市南郑区（南郑县）；那曲市色尼区（那曲市）
2018	大同市云州区（大同县）；曲靖市马龙区（马龙县）；鹰潭市余江区（余江县）；株洲市渌口区（株洲县）；宜宾市叙州区（宜宾县）；济南市济阳区（济阳县）；长治市上党区、屯留区（长治县、屯留县）
2019	上饶市广信区（上饶县）；聊城市茌平区（茌平县）；周口市淮阳区（淮阳县）；百色市田阳区（田阳县）；晋中市太谷区（太谷县）；西宁市湟中区（湟中县）
2020	烟台市蓬莱区（蓬莱市、长岛县）；六盘水市水城区（水城县）；邢台市襄都区、新都区（桥东区、桥西区、邢台县），任泽区（任县），南和区（南和县）；芜湖市湾沚区（芜湖县）；芜湖市繁昌区（繁昌县）；成都市新津区（新津县）
2021	宝鸡市凤翔区（凤翔县）；漳州市长泰区（长泰县）；三明市沙县区（沙县）；洛阳市孟津区（孟津县）
2022	无
2023	无

资料来源：根据中国行政区划网（http：//www.xzqh.org）和中国政府网（www.gov.cn）数据整理，部分资料的整理与核对参考了殷洁、罗小龙《从撤县设区到区界重组——我国区县级行政区划调整的新趋势》，《城市规划》2013年第6期。

　　而在撤县设区强度方面，直辖市、副省级城市与省会城市相较于普通地级市的撤县设区更为频繁。

　　从整体比例上来看，直辖市、副省级城市和省会城市的撤县设区案例占的比例较高，但总体趋势在趋于稳定并逐步缩小，这表明直辖市、副省级城市和省会城市撤县设区时间相对较早，强度较大，撤县设区的实践正在将重心转向蓬勃发展的二、三线城市，特别是崛起中的普通地级市，这表明经过改革开放 40 多年的进程，我国城市化总体上突破了以大城市与中心城市为主的第一阶段，而是转向全面城市化与区域协调发展的深化阶段。

三　撤县设区的类型学分析：基于无辖县城市的比较

　　截至 2022 年底我国地级行政区总共 333 个，包括 293 个地级市、30 个自治州、7 个地区和 3 个盟。① 与此同时，4 个直辖市也属于城市行政区的范畴（虽然其级别相当于省级行政单位）。在这 337 个行政区中，随着撤县设区的实践，已有 19 个城市完全不包含下辖县级建制，成了"无辖县城市"，它们分别是北京、天津、上海、广州、深圳、武汉、南京、厦门、珠海、佛山、海口、三亚、乌海、克拉玛依、鄂州、东莞、中山、儋州、嘉峪关。进一步具体分类，可以将这 19 个城市分为 5 类。

　　第一类，北京、天津、上海，共 3 个城市，这 3 个城市均为直辖市。北京、天津、上海作为新中国最早设置的 3 个直辖市，在国内的各大城市中，其城市化发展程度处于相对较高的水平。改革开放以来，北京、天津、上海的城市化水平得到了快速发展，随着 2015 年北京将密云县改为密云区，2016 年天津将蓟县改为蓟州区，2016 年上海将崇明县改

---

① 未计入香港特别行政区、澳门特别行政区、台湾省。

为崇明区，北京、天津、上海均成为直辖市中的"无辖县城市"。

第二类，广州、深圳、武汉、南京、厦门，共 5 个城市，这 5 个城市均系副省级城市。其中广州、武汉、南京属于省会城市，同时也是该省的中心城市，深圳、厦门属于经济特区城市，同时也是所在省的"双中心城市"之一。这一类城市虽然在行政层级上仅次于京津沪三个直辖市，但它们也多是所在区域的经济中心城市，其城市化发展有着良好的历史基础和现实条件。这 5 个城市分别于 20 世纪 90 年代至 21 世纪初相继完成行政区划全域内的撤县设区：深圳于 1992 年撤销宝安县，设立宝安区和龙岗区；厦门于 1996 年撤销同安县，设立同安区；武汉于 1998 年撤销黄陂县、新洲县，设立黄陂区、新洲区；南京于 2013 年撤销溧水县、高淳县，设立溧水区、高淳区；广州于 2014 年撤销从化市、增城市，设立从化区、增城区。但相比于第一类城市，第二类城市由于其行政级别和行政区面积的限制，其发展仍不均衡，部分已撤县设区的郊区与主城区的融合程度仍较低，部分郊区的撤县设区进程过快受到了学术界与实务界的质疑，如厦门的同安区、翔安区（后由同安区析出），武汉的黄陂区、新洲区，南京的溧水区、高淳区，广州的从化区、增城区，这些远郊区与中心城区的联系过于松散，且上述远郊区中的部分地区城市化率仍较低，表 1-4 比较了这些远郊区的下辖行政区划分布情况。很显然，所选案例在完成撤县设区后，其下辖街道数（代表城市化水平）仅占下级行政区划总量的一半左右，远低于核心城区 90% 以上甚至 100% 的街道设置率。由此可以看出，第二类城市的真实城市化水平仍有待提高，如何摆脱"设区"表象后的内生"不协调"，仍需要这些远郊区做出进一步的探索，并积极与主城区进行规划、产业与人口的融合，真正推动作为区域中心性城市的远郊区所在城市的一体化进程，并巩固其区域中心地位，进而发挥其辐射带动作用。

表1-4　第二类城市部分远郊区下辖行政区划分布情况

单位：个，%

远郊区	街道数	街道占总数百分比	镇数	镇占总数百分比	乡数	乡占总数百分比
厦门市同安区	2	18.2	6	54.6	3	27.3
厦门市翔安区	1	16.7	4	66.7	1	16.7
武汉市黄陂区	15	88.2	0	0	2	11.8
武汉市新洲区	10	76.9	3	23.1	0	0
南京市溧水区	5	62.5	3	37.5	0	0
南京市高淳区	2	25.0	6	75.0	0	0
广州市从化区	3	33.3	5	55.6	1	11.1
广州市增城区	4	36.4	7	63.6	0	0
上述平均		50.6		41.0		8.4

注：同安区下辖三个农场，分别为凤南农场、白沙仑农场和竹坝华侨农场；翔安区下辖一个农场，为大帽山农场；黄陂区下辖一个种场，为大潭原种场；从化区下辖一个林场，为流溪河林场，上述农、林、种场均归入"乡"的范畴。

资料来源：笔者根据官方网站数据整理并计算。

　　第三类，珠海、佛山、海口、三亚，共4个城市，这4个城市均系泛珠三角地区的经济发达城市。与第二类城市不同，第三类城市在行政级别方面与普通地级市无异。作为普通地级市，上述4个城市均在城市化层面取得了较快的发展，也离不开其所在的特殊地理环境。珠海和佛山位于粤港澳大湾区核心区。大湾区的6个核心城市——广州、深圳、珠海、佛山、东莞、中山均已成为无辖县城市，表明珠三角作为大湾区的核心区，其经济发展、人口与产业集聚以及城市化都达到了较高的水平。海口和三亚位于海南省，具有旅游城市的特征，其管辖面积小，经济发展水平较高，有着城市化及撤县设区的有利条件，因而成了无辖县城市。总体而言，第三类城市代表着普通地级市在城市化过程中的发展方向，即走区域协同发展的连片城市化或第三产业等特色产业带动下的城市化道路。

　　第四类，乌海、克拉玛依、鄂州，共3个城市，这3个城市均系治理规模较小的城市，其面积分别为 1754 平方公里、7733 平方公里、1594 平方公里，人口分别为 56.11 万、45 万、107.69 万人，这些城市分设 3~4 个市辖区。不难看出，第四类城市的面积与人口规模有限，相对于较大规模的普通地级市，其承载的农业功能有限，因而可以相对集中地发展工业产业，且产业发展水平相对高于面积大的地级行政单位，故而这类城市以其"小而精"成为"无辖县城市"的一员。但需要注意的是，第四类城市的行政区划相对偏小，行政区划的设置需要兼顾管理幅度与管理成本的平衡。第四类无辖县城市并不具有普遍意义上的代表性，并且其行政区划的设置仍需加以系统性的再评估。

第五类，东莞、中山、儋州、嘉峪关，共 4 个城市，这 4 个城市实行市直管乡镇（街道）体制，不设市辖区，俗称"直筒子市"①。这 4 个城市成为"无辖县城市"有着体制上的特殊性，属于行政区划设置的例外情况，在此不做过多讨论。但是，在有条件的地区探索市直管乡镇（街道）体制，这为第五类无辖县城市的体制转型提供了一种可供选择的方案。

需要提及的是，济源、天门、仙桃、潜江这 4 个省管市是行政区划改革特殊时期的产物。它们的行政级别被确定为副地级，隶属于省直管，享有地级行政管理权限，其辖区规模介于县级市与地级市之间，与第四类城市规模相近，但不属于法律意义上的"设区的市"的范畴②，

---

① 需要特别说明的是，嘉峪关虽设置有雄关区、长城区、镜铁区，但这三个区并未在民政部备案登记，因此其性质均系市政府的派出机构，不能归为正式的市辖区行政区划建制。

② 《立法法》第 72 条第 2 款规定："设区的市的人民代表大会及其常务委员会根据本市的具体情况和实际需要，在不同宪法、法律、行政法规和本省、自治区的地方性法规相抵触的前提下，可以对城乡建设与管理、环境保护、历史文化保护等方面的事项制定地方性法规，法律对设区的市制定地方性法规的事项另有规定的，从其规定。"与此同时，2015年 3 月 15 日《全国人民代表大会关于修改〈中华人民共和国立法法〉的决定》在最后指出："广东省东莞市和中山市、甘肃省嘉峪关市、海南省三沙市，比照适用本决定有关赋予设区的市地方立法权的规定。"该决定对第五类"直筒子市"做了例外授权，但并未包括济源、天门、仙桃、潜江四市，说明它们与前五类"地级及以上行政单位"有着行政层级上的不同。

因此在这里亦不赘述。

总体而言，这五类无辖县城市在城市战略定位、区划幅度、城市化水平等方面都有着显著的不同，表 1-5 对这五类城市进行了系统性的比较。

表 1-5　五类无辖县城市的比较

类别	代表性城市	城市战略定位	区划幅度	城市化水平
第一类（直辖市）	北京、天津、上海	政治、经济等领域在国内有特殊的超然地位	较大	高
第二类（副省级城市）	广州、深圳、武汉、南京、厦门	国家中心城市或大区中心城市	较大	较高，部分远郊区一般
第三类（泛珠三角地区的经济中心城市）	珠海、佛山、海口、三亚	经济相对发达地区的中心城市和重要城市	中等	中等偏高
第四类（治理规模较小的地级市）	乌海、克拉玛依、鄂州	新兴工业城市或区域交通枢纽城市	小	中等
第五类（不辖区的"直筒子市"）	东莞、中山、儋州、嘉峪关	特殊背景下设立的地级市	中等偏小	中等

四　撤县设区的制度动因：基于县、县级市与市辖区的行政体制比较

在对我国撤县设区的全貌加以梳理的过程中，可以发现相对于西部地区、经济欠发达地区或普通地级城市，东部地区、经济较为发达或高行政级别的城市更多地实现了撤县设区。近年来，撤县设区的实践呈现出加速趋势，部分城市甚至单次同时撤销多个县市（见表 1-6）。因此，对撤县设区的制度性动因的分析便显得尤为必要。为了深入分析这一问题，有必要从体制层面加以比较，比较的核心涉及县级行政单位的三种基本形式——县、县级市与市辖区。

表 1-6　单次撤县设区涉及 3 个及以上县、市、区的城市

所在城市	年份	撤县设区情况
上海	1992	上海市闵行区、浦东新区、嘉定区（上海县、原闵行区、川沙县、嘉定县）
北京	2001	北京市大兴区、怀柔区、平谷区（大兴县、怀柔县、平谷县）
南京	2002	南京市浦口区、六合区（江浦县和原浦口区、六合县和原大厂区）
佛山	2002	佛山市南海区、顺德区、三水区、高明区（南海市、顺德市、三水市、高明市）
汕头	2003	汕头市潮阳区、潮南区、澄海区（潮阳、澄海市）
重庆	2006	重庆市江津区、合川区、永川区、南川区（江津市、合川市、永川市、南川市）
石家庄	2014	石家庄市藁城区、鹿泉区、栾城区（藁城市、鹿泉市、栾城县）
保定	2015	保定市满城区、清苑区、徐水区（满城县、清苑县、徐水县）
张家口	2016	张家口市宣化区、万全区、崇礼区（宣化区和宣化县、万全县、崇礼县）
重庆	2016	重庆市开州区、梁平区、武隆区（开县、梁平县、武隆县）
邢台	2020	邢台市襄都区、新都区（桥东区、桥西区、邢台县）；邢台市任泽区（任县）；邢台市南和区（南和县）

　　然而随着工业化的发展与城市化步伐的加快，我国的行政区划也在经济社会发展的过程中不断进行着调整，县级市就产生于这样的背景之下。"市"作为城市型行政单位的基本单元，是世界范围内的通例。在"市"域范围内，非农业人口占比大，居民以从事第二产业和第三产业为主。随着城市郊区的不断扩大，市制也在发生着一系列的变化，为了与广域型行政建制做出区分，一些行政建制改为其他的建制名，县级市就是如此。1979 年，珠海、深圳、乐山最早进行了撤县设市的模式，到了 1983 年地级行政区划改革以后，撤县设市的实践不断增加，县级市的数量也不断增多。在新的标准出台前，县级市的设立标准依旧参照《国务院批转民政部〈关于调整设市标准报告〉的通知》（国发〔1993〕38 号），表 1-2 中对县级市的设立标准已有详细的梳理。

　　市辖区则是设置在城市地区的、与县同级别的城市基层行政建制，它同样也是城市的组成部分。地方组织法规定了市辖区在本行政区域内

拥有经济、计划、城建、社会事务等行政管理权限，但实际上，区是城市不可分割的一部分，市辖区与该区所在的市"同城而治"，市辖区所应该承担的职责在很大程度上取决于市对区的需要，使市辖区相对于市而言，只具有相对有限的独立性。地级市在社会经济发展决策等方面仍对市辖区有着制约，因此，县或县级市与市辖区相比，职权更加独立。但是从市辖区的设立标准与特性来看，与县或县级市相比，市辖区是城市的核心组成部分和区域发展中心，居民主要为城镇人口，城市化水平较高，经济相对发达，人口密度相对较高，第三产业占比较高。

结合县、县级市与市辖区三者的设立标准，以及宪法、地方组织法等规定，可以就经济考核标准、财政独立权、财政支出责任、社会经济管理权限、最高官员行政级别、职能部门独立性和职能重点等维度进行比较（见表1-7）。

表1-7　县、县级市、市辖区的横向比较

比较维度	县	县级市	市辖区
经济考核标准	有农业指标	重点考核第二、三产业	重点考核第二、三产业（中心城市）
财政独立权	独立，县有独立的规划、经济政策等权力，包括税收等	独立，县级市有独立的规划、经济政策等权力，包括税收等	不独立，市辖区的规划、经济政策等要和地级市相统一
财政支出责任	本级政权运转 教育 医疗卫生 支援农村支出 区域内基础设施建设和城镇建设 计划生育	本级政权运转 教育 医疗卫生 支援农村支出 区域内基础设施建设和城镇建设 计划生育 失业、养老保险和救济	市辖区没有独立的财政支出权限，区所在市的责任： 本级政权运转 城市教育 城市医疗卫生 所属企业投资补贴 城市建设与区内基础设施建设 失业、养老保险和救济
社会经济管理权限	独立	独立，且城市建设配套费、规划规模相较于县有倾斜	不独立，与市相统一

比较维度	县	县级市	市辖区
最高官员行政级别	正处级（重庆为副厅级；海南情况特殊，暂不讨论）	正处级，相较于县，一把手更容易进入市委常委	正处级，副省级城市为市属正局级（副厅级），直辖市为市属正局级（正厅级），核心区一把手往往能进入市委常委
职能部门独立性	相对独立（局），能够实行独立决策	相对独立（局），能够实行独立决策	相对不独立（分局）
职能重点	农业农村工作相对更加重要	同时考虑城区、乡村管理，注意协调城乡关系，其中重点之一就是城市建设	与市统一，主要注重城市规划与建设

基于表1-7的分析不难看出，县、县级市与市辖区除了有着设立标准上的差异，以及设立标准所体现出的城市化水平等方面的基础差异外，还在官员绩效重点考核标准、职能重点、职能部门独立性、财政独立权、社会经济管理权限等方面有着明显的差异。

一是产业结构方面。在县、县级市、市辖区的设立标准中，涉及人口职业、产业结构、基础设施建设等城市化水平指标，不同程度的城市化水平也意味着县、县级市、市辖区的职能重点存在差异。县的城市化水平在三者中最低，农业人口占比大，第一产业占比大，职能重点在乡村，经济发展和考核的重点也在第一产业上。设立县级市需要县的发展达到一定标准，所以县级市相比于县的城市化进程更快，经济发展水平更高，需要同时考虑城区、乡村管理，注意协调城乡关系，同时兼顾三次产业的综合考核，但重点相对侧重于第二、三产业。市辖区作为市的一部分，城市化水平最高，职能重点在城市规划与建设等，经济考核重点聚焦于第二、三产业。

二是财政方面。我国在宪法中明确规定了县级以上地方各级人民政府依照法律规定所拥有的权限，加上目前普遍实行的省直管县财政体制，县财政不经过市而由省直接管理，因此县和县级市都具有较为独立的财政权。而市辖区作为市的组成部分，区级财政自然也属于市财政的组成部分，所以市辖区的财政权并不独立。财政方面的差异还体现在不同层级政府财政支出责任上，县级市与县的财政支出责任相似，但县级市比县多了负责社会保险救济方面的内容；而区相较于县和县级市并没有独立的财政支出权限，但是作为市的组成部分，与市一致，支出责任少了农村建设的部分，主要集中于城市管理建设方面，这也侧面反映了县、县级市与市辖区之间职能重点和发展方向的差异。

三是管理权限方面。包括社会经济管理权限、土地规划利用、决策权等方面，这是由我国行政区划层级决定的。例如《中华人民共和国土地管理法》第三章土地利用总体规划中，就明确指出了下级土地利用总体规划应该根据上一级土地利用总体规划编制，这也就是说，地方政府用地必须参照上一级政府做出的规划和标准，包括上一级政府对建设用地、耕地保有量确定的控制指标等。由于省直管县改革的推广，县、县级市大多直接受到省管理控制，而市辖区则顺应市的统一规划，缺少自主发展的权力。

五　回顾与思考：改革开放 40 余年以来撤县设区的得失与反思

回顾改革开放以来的撤县设区实践，总体上，撤县设区快速推动了中国城市化的发展，但与此同时，对撤县设区的发展历程的反思仍有必要，如何实现撤县设区、城市化及区域的长远协同发展间的有机平衡在理论与实践层面需要进一步深入探索。

（一）撤县设区与城市化应相互良性促进，并兼顾极化效应与扩散效应的平衡

改革开放以来，中国经济经历了 40 余年高速平稳的增长，这一

"中国奇迹"在学理层面有着诸多的解释，但城市化、地方政府竞争与财政三者间的相互促进机制无疑是推动中国经济高速发展的重要引擎。合理的撤县设区与城市化有着相互促进的协同功能：一方面，合理的撤县设区有助于将城市在自然拓展过程中遇到的行政体制边界外的资源整合起来，通过打破县（市）与中心城市之间的行政壁垒，大城市向外拓展中的城市化进程呈现出由中心向周边的自然延伸，从而避免了中心城市与近郊"各自为政"的发展状况，有利于大城市区域规划的协调统一，相关的案例如广州番禺，杭州余杭、萧山等地的撤县设区；另一方面，城市化的快速发展推动了城市周边郊区及所辖县市与主城区的融合，大城市近郊县市在与大城市产业融合的过程中，受限于行政体制的差异，无法与主城区开展深度融合，而撤县设区则有利于大城市整体格局的构建，相关的撤县设区案例如成都的郫县、双流两地。无论是通过撤县设区推动城市化，还是以城市化带动撤县设区，本质上都是行政体制与经济社会自然发展之间的协调与平衡。但需要注意的是，撤县设区既不应过分超前于城市化进程，也不可过分落后于城市化进程。前者案例如萍乡市的上栗、芦溪二县，在1971年两地明确设区后，又于1997年由国务院批准撤区设县，两地至今仍保持1997年后退回的"县"建制。相比于东部地区的撤县设区案例，上栗与芦溪的撤县设区进程显然在当时的环境下过于超前，因而设区后的行政区划无法承载中心城市的发展，故而又出现逆向的回潮；而后者则如长沙市的长沙县，长沙县紧邻长沙市区，有着良好的工业产业基础，但目前的行政体制依然是县的建制，在一定程度上限制了长沙县与长沙市区的有机融合，因而有必要加快其撤县设区进程。以上两个案例表明，在撤县设区与城市化之间维持相互促进的平衡，充分发挥撤县设区的制度促进与保障作用，才能够更快更好地推动我国城市化发展的进程。与此同时，撤县设区与城市化需同时兼顾极化效应与扩散效应的平衡。一般而言，在城市化进程中，中心城市都会经历先极化效应后扩散效应的阶段，即首先汲取周边县市区的资源进入中心城市，待中心城市发展壮大后，反哺周边县市乃至全省的协调发展。因此，在城市化发展的初期，通过必要的撤县设区促进中心城市的壮大，有利于中心城市在第一轮竞争中赢得先机，率先跻身大城市乃至特大城市行列，从而使其有能力承接来自发达地区的产业转移，并建构完整的产业体系；而在第一阶段的发展完成后，则应限制中心城市进一步扩张的冲动，促使中心城市由"吸血式发展"转向"输血式发展"，以其扩散效应推动整个区域的协调发展。通过城市化发展不同阶段的体制机制配置，发挥不同区域政策的各自优势，有利于该区域的高速、协调与可持续发展。

（二）通过撤县设区与区域一体化提高中心城市首位度，有利于区域整体长远发展

撤县设区的目的在于通过拓展中心城市腹地，进而使中心城市能够摆脱既有行政区划的羁绊，使城市依据其人口、资源产业的发展趋势加以自然延伸并打造区域增长极。1939 年，马克·杰斐逊（M. Jefferson）提出了"城市首位律"（Law of the Primate City），指出了存在于一个国家（或一个省级行政单位）的"首位城市"往往比第二位的城市要大得多的现象，并进一步研究了首位城市对于整个国家民族的职能、情感与发展的重要性。[①] 城市的"首位度"是对城市首位律的量化体现，它在一定程度上衡量了在区域内最大城市的集中程度，一般而言，城市首位度的计算指标为 $S=P1/P2$，其中 S 表示最大城市的首位度，P1 为最大城市的人口或 GDP 规模，P2 为第二大城市的人口或 GDP 规模。在我国省会城市中，成都（6.4）、武汉（3.2）为省内 GDP 首位度最高的两个城市，相比于其邻近省会郑州（2.08）和济南（0.66），有着显

---

① 许学强、周一星、宁越敏：《城市地理学》（第 2 版），高等教育出版社，2009，第 163～168 页。

著的差异。成都和武汉作为高首位度城市，其市辖区面积也相对较大，分别达到了 3600 平方公里和 8494 平方公里（武汉为无辖县城市），而郑州和济南的市辖区面积相对较小，分别为 1076 平方公里和 6122.42 平方公里（其中章丘、济阳分别为 2016 年和 2018 年撤县设区，扣除两个区后的面积为 3303.98 平方公里）。[①] 不难发现，以成都和武汉为代表的高首位度城市，在吸引东部发达地区产业转移、做大做强中心城市方面，相较于低首位度的省会城市有着更强的竞争优势。撤县设区有助于提升市辖区的面积、人口与经济规模，进而在做大做强省域中心城市的基础上，利于其"跳跃式"承接发达地区的产业、资金与技术，进而使相对欠发达地区的省会（或经济中心城市）快速完成极化效应阶段的积累，并顺利转入扩散效应阶段。但需要注意的是，提升中心城市的首位度不应以盲目的"数字扩张"为评判依据，否则将使撤县设区沦为"工具化"的政策手段。

（三）撤县设区是城市化发展的重要工具，但需防止其被工具化使用

构建以城市为中心的行政格局，[②] 特别是突出强化特大城市的复合中心地位是当前城市化发展与区域政策的主流趋势与选择，但是城市化的目的在于构建更加美好宜居、集约高效、促进人与生态可持续发展的城市人居系统。撤县设区作为城市化过程中的重要工具，对促进城市化的有序发展有着重要的作用，但这并不意味着撤县设区可以被"工具化"。部分城市为应对来自其他城市的竞争，以撤县设区作为工具，对县域经济采取"市卡县""市刮县""市吃县"[③] 的手段，造成了不必要的"极化效应"。通过撤县设区，市域财政对县（区）域财政的汲取能力

---

① 数据由笔者查阅相关统计年鉴资料自行计算。
② 马振涛：《新型城镇化下行政区划调整与行政体制改革：一个成本的视角》，《求实》2016年第 2 期。
③ 吴金群：《统筹城乡发展中的省管县体制改革》，《经济社会体制比较》2010 年第 5 期。

实现大幅提高，在部分实施撤县设区地区，县（区）域经济与财政发展相较于改革前甚至出现显著倒退。这一现象表明，部分城市出于财政扩张冲动与横向竞争压力，通过"撤县设区"的手段，反而造成了区域发展的不平衡，进而影响到了整个大都市区的长远发展。因此，城市决策者需要明确，撤县设区仅仅是可供选择的一项政策工具，而绝非推进快速城市化的"灵丹妙药"，撤县设区的工具化无疑将是"饮鸩止渴"。

（四）遏制大城市"摊大饼"冲动，建设集约式的城市化发展模式

撤县设区往往伴随着城市扩张的过程，有学者形象地将城市建设围绕着一个核心，以同心圆的方式不断向外扩张的盲目无序扩张状态比喻为"摊大饼"模式（spread pie）。由于行政区划的天然属性，中心城市向外扩张的冲动必然伴随着由近郊区向远郊区逐步"撤县设区"的过程，所以适度控制大城市撤县设区的幅度与节奏，将为有效控制大城市"摊大饼"式扩张，并推动城市集约化发展起到重要的制度保障作用。城市化大致存在三种不同的发展思路：一是以中心城市为基础，不断向周边延伸，以"摊大饼"的模式加以扩张。其优点在于，可以快速打造区域中心城市，利于承接产业转移与招商引资，但缺点是带来一系列"大城市病"，导致城市通勤成本的上升，进而造成事实上的资源浪费和环境破坏，这种思路比较典型的案例是北京和成都。二是着力发展小城镇，以自由市场竞争的方式推动小城镇的人口增长、产业升级与区域建设，从而实现区域性的整体城镇化。其优点在于可以规避大城市病，提高城市自身运行的系统性效率，但缺点在于无法打造区域性的大城市，在这种模式下缺乏具有区域乃至全国影响力的核心城市，将不利于中心城市竞争力的形成，这种思路比较典型的案例是山东。三是城市化

的跳跃式发展模式，这种模式相比于"摊大饼"模式的区别在于："摊大饼"模式在城市化发展过程中，往往是基于城市中心所形成的一系列"同心圆"向外同步推进，而跳跃式发展模式虽然总体上遵循城市蔓延的一般规律，但在蔓延过程中城市往往选择成本最低、最为便捷的方式加以展开。跳跃式发展模式的一大特点便是诸多"城中村"现象的产生。广州、深圳均采取了这种发展模式。这种模式的优点在于可以快速完成城市化与城市规模扩张的过程，但这种模式的缺点也很明显，"城中村"所引发的系列社会问题已经成为城市管理者所面临的重要议题，与此同时，城市化后期对"城中村"的改造工作将面临更高的成本。对比上述三种发展模式，可以看出，不同的城市化发展模式各有其优缺点，因而不可一概而论。但结合我国土地资源的具体国情，走集约化的城市发展模式将成为未来的最优政策选择。撤县设区是对小城镇均衡发展模式的消解，同时也是中心城市"摊大饼"式扩张的过程，总体上与城市发展集约化的趋势存在内在的张力，需通过科学的城市规划确定大城市发展的边界，进而推动我国城市化的有序、集约、高效发展。

第二节 西部地区大城市撤县设区的逻辑研究：以成都市为个案

一 研究背景与问题提出

党的十九大报告指出："建立更加有效的区域协调发展新机制，以城市群为主体构建大中小城市和小城镇协调发展的城镇格局。"① 实现这一

---

① 《十九大以来重要文献选编》（上），中央文献出版社，2019，第23页。

区域协调发展的战略构想，需要通过合理的产业和人口布局，实现中心城市、卫星城、小城镇之间的分工合作。作为"有为之手"的政府，对辖区行政区划进行科学合理的划分与调整，对实现区域协调发展起着重要的促进作用。

行政区划作为我国国家政权建设和行政管理的重要手段之一，对促进我国空间合理布局、加快城市化建设、完善行政管理体制等具有重大作用。为了适应经济社会发展，近年来，我国的行政区划也在不断经历着调整：早期的撤县改市曾大幅度增加了我国城市数量，而后期的区县合并、撤县设区等政策也在不断完善行政区划改革。随着相关实践的不断深入，近年来，撤县设区正在逐渐成为行政区划改革的热门话题，①其政策实施的背后不仅代表着地方政府利权博弈，更意味着城市化发展逻辑的内在转变。西部作为后发地区，面临着比东部城市更为严峻的地方政府间竞争。一种观点认为，撤县设区在客观上造成了中心城市体量的扩大，特别是在打破旧有的"区—县"行政区划边界后，可以降低不合理的行政区划所带来的制度成本，因而后发地区大城市撤县设区有助于推动大都市区治理的科学化；但与此同时，西部城市的撤县设区也有着学术界与理论界所诟病之处，即在中心大城市已足够强势的基础上，进一步将资源向中心城市集聚，并非为了区域的协调发展，而是中心城市为应对经济增长压力和区域竞争压力下所采取的政策手段。面对上述具有争议性的观点，如何认识并解析后发地区大城市撤县设区的内在逻辑，有待进一步的实证研究加以辨析。本节在对大都市区治理和为增长而竞争两种理论面向与逻辑进路加以梳理的基础上，通过对后发地区大城市撤县设区案例的深入挖掘，试图发现后发地区大城市撤县设区的内在逻辑。

---

① 陈科霖：《"撤县设区"热，尚需"冷思考"》，《南方都市报》2017 年 1 月 3 日。

二 文献综述与理论框架

(一) 既有研究的回顾与评述

1. 既有研究的基本理路

撤县设区领域的相关研究嵌入地方行政区划改革的总体研究领域之下。近年来,随着我国地方行政区划改革的进程推进,相关研究的重点也经历了三个阶段的转化。

一是"省管县"与"市管县"议题的研究热点阶段。我国省市县管理体制随着中华人民共和国成立之初的"省管县",到 1982 年中共中央出台《改革地区体制,实行市领导县体制的通知》后的"市管县",再到 2002 年以来各省陆续推行的"财政省管县"改革的变化,受到了学术界的高度关注。相关研究稍迟于实践的改革节奏,在"中国知网"(CNKI)中以"省管县"及"省直管县"作为主题词加以检索,可以发现研究发展的高峰期起于 2004 年,相关研究的热度在 2009~2015年达到高峰,随后相关研究的热度有所下降。这一研究阶段主要有政治学、行政学、经济学和法学四个研究视角,其热点主题集中于省管县改革过程中的权力关系、省管县改革与区域经济增长的内在联系,省管县改革与多中心府际治理之间的关系,① 以及改革的法律依据与法治化问题。这一阶段的研究,其缘起在于省市县体制的改革与调适,因而具有浓厚的政治学和行政学研究底色,但相关研究也在一定程度上探索了省管县改革与财政分权及区域治理之间的关系。研究的核心观点更多地围绕在先发地区经验的总结以及省管县体制改革的对策层面。

二是"撤县设市"议题的研究热点阶段。随着国务院于 1986 年和

---

① 吴金群、廖超超:《嵌入、脱嵌与引领:浙江的省市县府际关系改革及理论贡献》,《浙江社会科学》2018 年第 11 期。

1993 年批转了民政部《关于调整设市标准和市领导县条件报告的通知》及《关于调整设市标准的报告》，撤县设市逐步成为县级行政区划调整的主流。国内关于撤县设市方面的研究相对有限，主要的研究集中于撤县设市与城市化之间关系的议题以及撤县设市的回顾与思考。[①]

三是"撤县设区"议题的研究热点阶段。随着国务院于 1994 年紧急叫停撤县设市，并于 1997 年正式冻结撤县设市，撤县设区逐步成了实践的主流。撤县设区领域的研究存在两个学科进路：一是以政治学和公共管理学为代表的政策进路研究，着重于对撤县设区的宏观分析，特别是对撤县设区的机制与政策分析；二是以城市规划学和经济地理学为代表的实证进路研究。这一阶段的研究与撤县设区的发展进程有着高度的相关性。根据中国知网的检索结果，相关研究集中出现在 2015 年以来，这与自 2014 年起呈爆发式增长的撤县设区热不无关系。因此，总结关于我国地方行政区划改革的相关研究，可以发现理论研究与政策实践之间在时间上高度联系的特征。

2. 撤县设区领域相关研究的回顾

既有的撤县设区领域的研究从以下两个方面展开了分析。

一是宏观的整体分析。陈妤凡等通过对改革开放以来的撤县设区案例进行统计分析，发现撤县设区数量增长呈现时间层面的阶段性变化、空间上主要集中在东部地区、大城市发生的频率高于中小城市等特征。在动因方面，则有着建制性调整、体制性调整与结构性调整三个方面。[②] 高祥荣指出，撤县设区的发展动力在于中心城区发展空间的

---

① 吴唯佳：《苏锡常周边县级市撤县设市后的城市发展战略探讨》，《城市规划》1997 年第 6 期；姚中杰、尹建中：《县改市：推进中国特色城镇化的有效路径》，《金融教育研究》2013 年第 6 期；张义文、张素娟、赵英良：《对城市化"整县改市"模式的思考》，《地理学与国土研究》1999 年第 1 期；刘君德：《论中国建制市的多模式发展与渐进式转换战略》，《江汉论坛》2014 年第 3 期。

② 陈妤凡、王开泳：《改革开放以来我国撤县（市）设区的变动格局与动因分析》，《城市发展研究》2018 年第 10 期。

历史局限与快速城市化对城区空间的扩张需求。① 殷洁等的研究则发现，随着相关实践的日臻完善，区界重组正在取代撤县设区成为县级行政区划调整的新趋势。② 李金龙等则指出了撤县设区进程中出现的一系列失范问题。③ 叶林等从政治学的视角展开了分析，指出撤县设区等行政区划调整存在权力导向的政治逻辑、经济导向的发展逻辑以及公共服务导向的治理逻辑。④ 这一方面的研究从整体上对撤县设区做了梳理与概括，并进一步深入探讨了撤县设区的内在动因、制度逻辑、现实问题以及发展趋势，奠定了这一领域研究的理论和资料基础。

二是从城市化视角出发的相关研究，特别是相关案例研究。高琳通过实证研究发现，撤县设区可以分为主动适应型与被动调整型，而前者较好地适应了城市化与市场的发展规律，后者则与城市化发展方向背道而驰。⑤ 唐为等的实证研究则发现，撤县设区改革显著提高了撤并城市市辖区城镇常住人口的增长率，使东部和市场潜力更大的城市获得了更高的人口集聚效应。⑥ 与此同时，基于丹徒、江宁、铜山、六合、盐都、宜宾等地区的案例分析则从不同的侧面对撤县设区的影响做了探讨。⑦ 这一方面的研究则深入具体的微观与实证分

---

① 高祥荣：《"撤县（市）设区"与政府职能关系的协调》，《甘肃行政学院学报》2015 年第 3 期。
② 殷洁、罗小龙：《从撤县设区到区界重组——我国区县级行政区划调整的新趋势》，《城市规划》2013 年第 6 期。
③ 李金龙、翟国亮：《撤县设区的科学规范探究》，《云南社会科学》2016 年第 5 期。
④ 叶林、杨宇泽：《中国城市行政区划调整的三重逻辑：一个研究述评》，《公共行政评论》2017 年第 4 期。
⑤ 高琳：《快速城市化进程中的"撤县设区"：主动适应与被动调整》，《经济地理》2011 年第 4 期。
⑥ 唐为、王媛：《行政区划调整与人口城市化：来自撤县设区的经验证据》，《经济研究》2015 年第 9 期。
⑦ 张蕾、张京祥：《撤县设区的区划兼并效应再思考——以镇江市丹徒区为例》，《城市问题》2007 年第 1 期；罗小龙、殷洁、田冬：《不完全的再领域化与大都市区行政区划重组——以南京市江宁撤县设区为例》，《地理研究》2010 年第 10 期；李浩：《"撤县设区"的规划调整效应——以徐州市铜山区为例》，《城乡建设》2011 年第 10 期；涂志华、汤伯贤、王珂、张为真：《"撤县设区"型新市区城乡规划体系构建研究——（转下页注）

析，为上一类研究提供了实证素材，并进一步验证了前述研究的基本结论与理论假说。

3. 既有研究的不足与增长点

虽然撤县设区领域的研究已取得了较大的进展，但已有研究并未完善。叶林等对既有行政区划调整研究的不足有着政治学视角的概括，他指出，既有研究存在适用条件分析缺乏精细性、研究范围偏狭窄、影响效果研究不够全面、多元主体及其异质性关注不足等问题。[①] 在此基础上，可以进一步发现既有研究的不足：首先是研究视角的限制，既有研究多采取单一视角的研究进路，在研究视角整合基础上的综合研究还处在起步阶段，特别是以区域治理为代表的经济地理学研究进路与以政治学为代表的政治经济学分析进路之间还存在较大的差异，相关研究之间缺乏有效的理论对话。其次是对西部地区的案例研究较为缺乏。改革开放以来，东部地区的撤县设区实践占到了 2/3 左右，远超中西部地区，与此同时，东部地区撤县设区实践相对成熟，积累了大量的实证素材，而中西部地区则受制于多方面的因素，相关实证研究较为缺乏。因而，以西部地区撤县设区的多研究视角结合的实证研究，便成为在既有研究基础上可资拓展的研究方向。

（二）分析视角："大都市区治理"与"为增长而竞争"

结合对既有研究的回顾不难看出，对撤县设区的研究受制于研究视

（接上页注⑦）以南京市六合区为例，《城市规划》2011 年第 S1 期；吕凯波、刘小兵：《城市化进程中地方行政区划变革的经济增长绩效——基于江苏省"县改区"的个案分析》，《统计与信息论坛》2014 年第 7 期；单凯、占张明：《"省直管县"政策下地级市"撤县设区"行为研究——以浙江省为例》，《中共杭州市委党校学报》2015 年第 3 期；耿卫军：《"撤县设区"能否促进区域发展吗——基于浙江省 1993-2013 年县际面板数据的分析》，《特区经济》2014 年第 9 期；夏雪、舒秋贵：《宜宾市"撤县设区"背景及影响分析》，《西华师范大学学报》（自然科学版）2018 年第 1 期。

① 叶林、杨宇泽：《中国城市行政区划调整的三重逻辑：一个研究述评》，《公共行政评论》2017 年第 4 期。

角的有限性，特别是将政治经济学的分析思路与区域治理结合起来的研究还有待进一步探索。对于后发地区大城市，实现区域自身的有序发展与实现弯道超车式的后发赶超同等重要。但两种行动策略有着视角上的不同，前者对应于区域治理中的"大都市区治理"视角，而后者则对应于政治经济学中的"为增长而竞争"视角。

1. "大都市区治理"视角

针对大都市区治理，目前较为权威的界定来自美国国家科学研究委员会，它将其定义为"在一个大都市政治空间中，通过运用政府的制度和规程，在资源分配、公众参与政策制定等公共问题的决策过程"①。区域发展、公共管理的相关讨论对大都市区治理理论有着重大影响，其中区域一体化、区域主义、区域竞争力等理论促成了大都市区治理理论的诞生与发展。

对大都市区的治理研究可以总结为两个问题：选择哪种公共组织模式才能带来更好更公平的公共服务、对公民的偏好更具回应性？选择哪种治理模式才更有利于这种模式自身的持续和发展？根据对这两个问题的回答，可以将大都市区治理划分为单中心治理模式（统一政府学派）、多中心治理模式（公共选择主义）、新区域主义治理模式三种。单中心治理模式主要是为了解决大都市区政治体制的分散对经济发展带来的消极影响，中心是区划调整和制度性合并。如有学者认为中心城市和郊区不应该被划分为市区县等政治机构，它们本来就是一个整合的大都市区。②还有学者进一步阐述建立大规模区域政府的必要性，它的功能集中在协调整合公共服务、执行战略功能等方面。③ 而多中心治理模式则建立在"用脚投票"假设之上，认为解决大都市区治理的关键是自治，需要通

---

① 转引自丛昕宇《我国大都市区治理模式研究》，硕士学位论文，上海师范大学，2006。
② National Municipal League，"Committee on Metropolitan Government," in P. Studenski, *The Government of Metropolitan Areas in the United States*, National Municipal League, 1930.
③ K. Newton，"Metropolitan Governance," *European Political Science* 3（2012）：409-419.

过政府有限的政治融合，发挥多中心特性。[①] 在前两种模式的理论基础上，比起前两种模式更关注大都市区的组织结构问题，新区域主义治理模式更偏向于实践方面，更加注重多方价值、多重参与、多层治理的均衡发展问题，[②] 强调多方利益的协同融合。[③]

我国学者将大都市区治理理论用于分析政府间关系协调、区划调整的相关问题。有学者指出，可以通过设置区域机构和制度协调机制协调政府间关系，并进行了基础性的系统分析。[④] 我国也有学者深层剖析了行政区划调整与国家区域调控手段对区域治理带来的重大影响。[⑤] 大都市区治理理论对于撤县设区中不同政府间关系、行政区划调整的问题分析具有重大意义。

对于后发地区大城市而言，"大都市区治理"理论面向的内在逻辑在于，后发地区大城市治理需要一种整体性的视野，撤县设区的目的在于推进后发大都市区治理的一体化，通过行政区划的调整，优化既有行政区划边界所带来的不协调，进而实现大都市核心区与郊区的协同发展。这一理论面向意味着，后发地区大城市的撤县设区，应当立足于区域的整体性发展，充分考虑到区域发展的平衡性与可持续性，从而使大都市区的府际关系更加协调。

2. "为增长而竞争"视角

张军最早提出了"为增长而竞争"的概念，他指出，中国向地方

---

① C. M. Tiebout, "A Pure Theory of Local Expenditures," *Journal of Political Economy* 5 (1956): 416-424.

② D. B. Massey, *Spatial Divisions of Labor: Social Structures and the Geography of Production* (London: Routledge, 1995).

③ R. C. Feiock, "Metropolitan Governance: Conflict, Competition and Cooperation," *Social Contracts & Economic Markets* 4 (2004): 463-464.

④ 谢庆奎：《中国政府的府际关系研究》，《北京大学学报》（哲学社会科学版）2000 年第 1 期。

⑤ 张京祥：《国家—区域治理的尺度重构：基于"国家战略区域规划"视角的剖析》，《城市发展研究》2013 年第 20 期。

政府的经济分权创造出了地方为经济增长而展开的充分的竞争。① 为增长而竞争的形成源于财政联邦主义分权下的地方官员晋升锦标赛冲动。

首先是财政联邦主义理论。财政联邦主义理论产生于西方，研究的核心是财政分权，财政联邦主义理论主要关注在市场经济体制下，各级政府之间如何划分财权才能提高政府行政效率和管理效能。其中，第一代财政联邦主义所构建的财政分权分析框架包含斯蒂格勒的最优分权模式②、奥茨的分权理论③、布坎南的"俱乐部"理论④、特里西的偏好误识理论⑤和蒂布特的"用脚投票"理论⑥，它们从不同的侧面出发建构了财政分权体制的解释框架。第二代财政联邦主义则在上述研究的基础上，将政府官员的目标假设由仅追求公共物品拓展为包含追求自身的利益；除此之外，还考虑到信息对称与不对称情况下，最优的公共决策是不同的。⑦ 但无论新财政联邦主义还是旧财政联邦主义，都是处理中央政府与地方政府之间财政关系的一种制度设计，是在不断考虑影响因素的情况下，明确中央政府和地方政府财政职能分工并强调地方财政的自主性和独立性。这种分工与国家政体没有必然的联系，只要中央政府与地方政府的财政职能有明确的分工，地方政府财政有较大的自主性和独立性，⑧ 财政联邦主义理论对我国也具有极大的借鉴意义。

其次是晋升锦标赛假说。晋升锦标赛假说将经济学的"锦标赛理

---

① 张军：《为增长而竞争：中国之谜的一种解读》，《东岳论丛》2005 年第 4 期。

② G. J. Stigler, *The Citizen and the State*: *Essays on Regulation* (University of Chicago Press, 1975).

③ W. E. Oates, *Fiscal Federalism* (New York: Harcourt Brace Jovanovich, 1972), pp. 35–36.

④ James M. Buchanan, "An Economic Theory of Clubs," *Economica*, *New Series*, 32 (1965): 1–14.

⑤ Richard W. Tresch, *Public Finance*: *A Normative Theory* (Pittsburgh: Academic Press, 1981), pp. 574–576.

⑥ 转引自平新乔《财政原理与比较财政制度》，上海三联书店，1995。

⑦ W. E. Oates, "Toward A Second-Generation Theory of Fiscal Federalism," *International Tax and Public Finance* 4 (2005): 349–373.

⑧ 张千帆：《宪政、法治与经济发展：一个初步的理论框架》，《同济大学学报》（社会科学版）2005 年第 2 期。

论"迁移到政治领域，这种假说认为，我国属于集权型政治体制，下级官员的考核和提拔主要以经济增长为指标，因此下级官员为了晋升有很大的动力发展经济。在晋升锦标赛中，中央会在经济方面向地方政府放权，并通过各种方式鼓励和促使地方政府在主要的经济指标上展开竞赛。[①] 有学者说明了锦标赛制度的前提，并认为在一定条件下，锦标赛制度能达到最大的激励效果。[②] 这种晋升锦标赛具有"层层加码"的特点，即自上而下竞争逐渐升级。上级政府设定晋升考核指标的目标值之后，下级政府会相继提出更高的目标值，这就导致了层层分解与加码的现象。[③] 与此同时，晋升锦标赛的讨论并不仅限于传统围绕着经济增长为晋升指标，随着经济发展带来的社会变化，除了基于地方经济增长的锦标赛之外，后期还存在基于地方公众满意度的锦标赛。前者可以看作经济分权与政治集权的共同结果，因为地方政府可以影响当地的经济发展这一点体现了经济分权，而中央政府可以通过晋升激励来引导地方政府实行有利于经济增长的行为这一点则体现了政治集权。在经济发展阶段的早期，由于公众对公共物品的偏好并不强烈，加上没有成熟的公众意愿表达机制导致了信息不畅通，此时以经济增长作为晋升基础的治理模式反而更可能带来社会福利的最大化。[④] 然后当经济发展到一定阶段，如基本生存问题解决后，居民对地方公共物品偏好的加强，加上民意表达机制不断完善，中国的经济发展方式将因此发生转变，这种转变同样影响着地方官员晋升模式的转变，[⑤] 也同样意味着财政分权、地方政府职能的转变，这就与城市行政区划设置有了重大联系。

---

① 周飞舟：《锦标赛体制》，《社会学研究》2009 年第 3 期。

② 周黎安：《中国地方官员的晋升锦标赛模式研究》，《经济研究》2007 年第 7 期。

③ 乔坤元：《我国官员晋升锦标赛机制的再考察——来自省、市两级政府的证据》，《财经研究》2013 年第 4 期。

④ 邱法宗、张霁星：《关于地方政府绩效评估主体系统构建的几个问题》，《中国行政管理》2007 年第 3 期。

⑤ 陈钊、徐彤：《走向"为和谐而竞争"：晋升锦标赛下的中央和地方治理模式变迁》，《世界经济》2011 年第 9 期。

对于后发地区大城市而言，"为增长而竞争"视角的内在逻辑在于，后发地区大城市作为经济增长竞争中的落后地区，其竞争压力，特别是增长率的压力明显高于先发地区。撤县设区为后发地区大城市提供了"集聚效应"的空间，使后发大都市区的资源向中心城区高度集中，从而提升后发地区大城市的整体竞争力，进而在"为增长而竞争"的过程中胜出。这一理论面向意味着，后发地区大城市的撤县设区应当以竞争为导向，充分发挥大都市核心区的竞争优势，从而在快速积累的基础上赢得发展先机，而非考虑大都市中心区与远郊区县间发展是否协调平衡的问题。

不难看出，两种理论面向之间存在一定的内在矛盾，在这两种影响因素中，究竟是何者起到了主要作用，后发地区大城市撤县设区的行为逻辑是怎样的，这种行为究竟带来了何种效应？下文将结合成都的案例分析深入探讨这一问题，并在此基础上进一步探讨针对西部后发地区大城市的对策建议。

三 后发地区大城市撤县设区的案例研究：以成都市为例

（一）成都市行政区划调整概况

成都作为四川省省会、副省级城市，是中国西南地区的科技、商贸、金融中心和交通枢纽，也是国家重要的高新技术产业基地、商贸物流中心和综合交通枢纽、西部地区重要的中心城市。新中国成立后，成都的行政区划经历了多次调整，辖区面积从中华人民共和国成立初期的29.9平方公里扩展为1.21万平方公里。1952年，原成都县撤销，部分划为成都市郊区。1953年，成都市相继建立了东城区、西城区、金牛区、青白江区、龙泉驿区和一个区级办事处（黄田坝）。1976年，温江地区的双流县和金堂县划归成都市管辖。1983年5月，成都地区与温江地区进行合并，并实行市领导县体制，温江地区的县并入成都。1990年 10 月，成都市东城区、西城区、金牛区调整为锦江区、青羊区、金牛区、武侯区、成华区，加上之前的青白江区和龙泉驿区，成都市由五区变为七区。2001 年 11 月，新都县撤县设区，更名为新都区。2002年，温江县撤县设区，更名为温江区。同年四川省正式成立四川天府新区。四川天府新区位于成都市主城区南偏东方向，区域范围涉及成都、眉山、资阳三市所辖 7 县（市、区），规划面积为 1578 平方公里。2015年 12 月，双流县撤县设区，设为成都市双流区。2016 年 5 月，县级市简阳由之前资阳市代管变为由成都市代管。2016 年 12 月，成都市撤销郫县，改为郫都区。目前，成都市行政区划共划分为 20 个县级行政单位：分别为 11 个区（武侯区、青羊区、锦江区、成华区、金牛区、龙泉驿区、青白江区、新都区、温江区、双流区、郫都区），4 个县（新津县、金堂县、大邑县、蒲江县）及 5 个县级市（都江堰市、崇州市、彭州市、邛崃市、简阳市）。与此同时，成都市还下设成都高新区和天府新区成都直管区两个功能区。

基于撤县设区的观察视角，成都市的行政区划调整经历了四个关键节点：一是 2001 年 11 月，撤销新都县，设立成都市新都区；二是 2002年 5 月，撤销温江县，设立成都市温江区；三是 2015 年 12 月，撤销双流县，设立成都市双流区；四是 2016 年 12 月，撤销郫县，设立成都市郫都区。随着撤县设区的逐步展开，成都作为西部重要的大都市地位日渐提升，它也迎来了快速的扩张发展期。

（二）撤县设区与成都市的大都市区扩张进程

1. 城市化背景下，撤县设区为成都市拓展城市用地、分解城区人口与功能提供了有效途径

党的十一届三中全会提出把全党的工作重点转移到社会主义现代化

建设上来的战略决策,这也标志着中国步入了集中进行经济建设和经济体制改革的新时期。随着计划经济向市场经济的过渡,对外开放程度日益加深,长期处于低水平并接近停滞的城市化进程得以重启并加速。回顾成都市的发展历程,改革开放以来,特别是"八五"和"九五"计划期间,成都市国民经济快速且稳定发展。1989 年 2 月,经国务院批准,成都市的经济和社会发展计划在国家计划中实行单列,享有省一级经济管理权限,成为全国 14 个计划单列市之一(1994 年定为副省级城市)。1993 年成都市被国务院确定为西南地区的科技、商贸、金融中心和交通、通信枢纽。在地理环境与政策因素等多重叠加下,成都市的经济得以高速发展,人口数量大幅度提高,产业快速聚集,逐渐形成了人口、产业、资本等要素高度密集的大城市。但这种要素的高度聚集带来了日渐突出的现实问题——经济发展、人口剧增和不断发展的城市化需求迫使成都拓展更大的空间。

与此同时,处于高速发展时期的成都面临着"缺地"的困境——一方面是中心城区建设用地紧缺,另一方面是城市的发展空间不足。1996 年版成都市总体规划指出,成都市在这一阶段需控制中心城区北部和西部的开发,引导城市向东、向南发展。但在规划的实施过程中发现,城市发展空间远远不足。1996 年版总体规划的测算用地与 1996 年核实用地偏差较大,规划人口用地规模明显偏小,中心城区现状建设用地已达 380 平方公里,已经大大突破 1996 年版总体规划中 2020 年 248 平方公里的用地规模,造成了规划管理落后于发展实际的被动局面。事实上,成都市域的建设用地始终以年均 40 平方公里左右的速度递增,大部分新增建设用地出现在中心城区及新城地区。[①] 在中心城区的 630 平方公里的土地资源中,部分属于可持续发展所必须控制的生态用地,如按照中心城区建设用地的拓展速度继续下去,在环境容量许可的范围

---

① 数据由笔者查阅相关年鉴资料整理。

内，建设用地供给将很快用完。城市建设的现状大大超越预期的发展速
度，使实际的用地规模一次次地突破历版规划的限制。在这样缺乏足够
发展空间的背景下，决策者需要在更大范围内统筹城市的发展。

　　为了解决用地问题，成都市采取的措施之一就是将建设重心向周边
新城转移。1990 年后，成都市在发展过程中已经出现了中心城区和周
边卫星城用地迅速拓展联为一体并消失了行政区划界限的状况，城市群
体逐渐形成了以中心城区为核心、轴向发展、"环形加放射"以及单中
心圈层拓展的空间格局。这种格局进一步推动了成都市建设重心向周边
发展的趋势，周边区县成了用地增长最快的地区。在经济增长方面，如
图 1-3 所示，2001 年开始撤县设区前，五城区 GDP 平均增速持续低于
周边六区县 GDP 平均增速，周边区县在全市经济总量中的份额逐步上
升，市域外围县市 GDP 平均增速和份额开始下降。经济总量和用地增
长上的结构变化，反映了成都经济发展重心由中心城区向周边新城扩展
的趋势。从城市空间结构的优化调整的角度来看，为了改变成都中心城
区"摊大饼"的不良发展趋势，重点建设周边新城，疏解中心城区人
口和用地功能也极其必要。

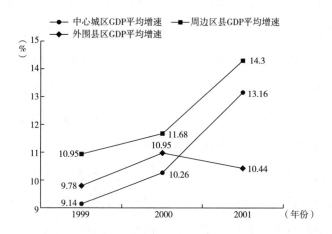

图 1-3　1999~2001 年成都市中心城区、周边区县、外围县市 GDP 平均增速变化
资料来源：根据 2000-2002 年《成都统计年鉴》数据整理。

然而从 1996 年版成都市总体规划的实践经验来看，由于当时的 7 个卫星城仍然是县一级的管理体制，加之编制方法上的因素，成都市政府的权力有限，对近郊区县的城市建设指导相对乏力。成都经济的发展重心在向中心城区周边新城的扩展过程中，推动了周边县市经济的高速发展，以大都市主城区为中心向外延伸与以周边经济强县为中心的城镇蔓延之间产生了矛盾，一系列主城区与卫星城之间的协同规划和治理问题亟待解决——中心城区"摊大饼"情况加剧、历史文化名城被大规模破坏、绿化用地被蚕食、村镇建设无序等，都体现出了旧有行政区划体制的不合理之处。为了使土地规划更为有序、缓解城市建设的矛盾，以撤县设市或撤县设区作为手段，不失为一种行之有效的策略选择。

2. 撤县设市暂停后，撤县设区成为县域加速城市化、提高发展空间的另一种选择

对于成都市周边的经济强县来说，在撤县设市政策被叫停前，撤县设区还只是中心城市为了解决空间限制经济发展问题的"一厢情愿"的想法。从地理位置上来看，双流位于成都市的南部，温江和郫县位于成都的西部和西北部，新都位于成都的北部并且处于成都市区与青白江区之间，这四个强县对成都市区形成了地理上的包围，并且与成都市主城区距离最近、关系最为紧密。这四个县的经济发展水平和综合发展能力远远高于成都市下辖的其他县或县级市，自 1994 年四川省统计局根据县级经济综合评价结果测评十强县开始，新都县、温江县、双流县与郫县几乎每年都名列十强名单内。其中，双流县和郫县更是多次作为全国百强县名单中有且仅有的四川省经济强县。

从财政分权的角度来看，由县改为县级市对温江县、新都县、双流县、郫县而言是相对更优的选择。在行政区划做出调整前，成都市与这四个强县之间具有一定的隶属关系，作为上级的成都市虽无法像对市辖区一样加以系统性整合，但成都市凭与这四个强县之间的领导关系仍然可以施加对县域发展较强的影响力。若这四个强县改为县级市，除了职能重点、产业结构的变化外，这些强县在行政体制上将由成都市管变为四川省直管，隶属层级的提升将带来撤县设市后行政管理权限和优惠政策的增加。撤县设市后的财政独立，将使改市后的强县拥有更充分的发展自主权。但是随着国务院叫停撤县设市政策，这些经济实力较强的县无法通过改县级市进一步提升自身实力，新都县、温江县、双流县和郫县的发展空间开始变得十分有限。在这样的政策背景下，撤县设区对于强县的另一种积极作用就凸显了出来：成都作为西南地区科技、商贸、金融中心，具有强大的辐射力和扩散力，通过撤县设区可以推进周边县域融入大都市圈的整体发展，这在一定程度上也推动了市郊强县开展撤县设区的行动意愿。

3. 撤县设区政策具有明显的短期区域增长效应，但长期效应不显著

值得注意的是，在 2001 年前，成都市上报申请撤县设区的县有新都县、温江县、双流县和郫县四个强县，说明此时这四个强县都达到了撤县设区的条件，同时也有着撤县设区的意愿。但是在这一时间段内，国务院在批复同意了新都和温江两县撤县设区的请求后，就暂停了对成都市撤县设区的批复，这也对应了我国撤县设区的时间分布特点，即在 2002 年的高峰期后批复数量骤减，直至 2011 年左右开始恢复，并在 2015 年和 2016 年达到第二个高峰。双流县和郫县与此整体趋势相一致，其撤县设区请求分别于 2015 年和 2016 年被国务院批复。因此，通过对比首批撤县设区的新都、温江与随后撤县设区的双流、郫县，可以考察撤县设区政策的历时性变化。

如图 1-4 所示，撤县设区为新都区和温江区带来了短期内 GDP 的高速增长。2002 年，也就是温江县撤县设区当年，温江区与双流县、郫县的 GDP 增速基本相同，而新都则比其他 3 个县低 4~5 个百分点。到 2003 年，温江与新都的 GDP 增速开始大幅度提高。此时温江区的

GDP 增速提高了 4.2 个百分点，已远高于双流和郫县的 GDP 增速，新都区的 GDP 增速也在这一年提高了 4.5 个百分点，超过了郫县并追平了双流县。2005~2008 年，这种相对增长趋势发生了变化，温江区 GDP 增速与双流县、郫县差距减小，新都区 GDP 增速在小幅度下降后与双流县、郫县相近。2009 年后，4 个县（区）GDP 增速基本保持一致。

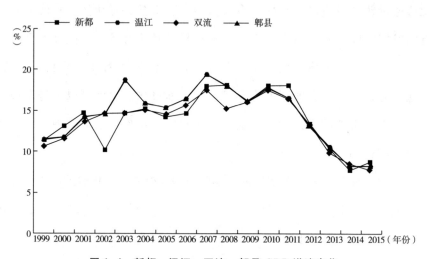

图 1-4　新都、温江、双流、郫县 GDP 增速变化
资料来源：根据 2000~2016 年《成都统计年鉴》数据整理。

从 GDP 构成来看，可以具体看到 4 个县（区）产业结构的变化。如图 1-5 所示，在 2002 年前，新都区和温江区（时为温江县）的第一产业占比高于双流县和郫县。4 个县（区）的第一产业占比都在不断减小，但是在撤县设区后的第一年，新都区第一产业占比下降的速度开始加快，并在这一年低于郫县。2003 年后，新都区的第一产业占比已经在 4 个县（区）中达到最低，温江区的第一产业占比也在 2005 年低于双流县。直到 2008 年和 2009 年，温江区、新都区和双流县的第一产业占比相当，并在之后保持与之相接近的降低速度。综合来看，4 个县（区）的 GDP 增速变化趋势与第一产业占比的变化趋势基本一致，撤县设区的政策在两年左右的时间内通过调整产业布局、支持工业服务业发展大幅度地促进了新都区和温江区第二、三产业的增长，并使 GDP 增速大幅度提高，进一步推动了新都区和温江区的经济和城市化发展。但是这种政策影响在中长期效果并不明显，特别是在长期效应方面，撤县设区后的新都区、温江区与双流县、郫县在 GDP 增速、产业结构等方面逐步趋于一致。总之，成都市撤县设区对政策目标县（区）所带来的政策影响具有较明显的短期效应，但长期效应并不明显。

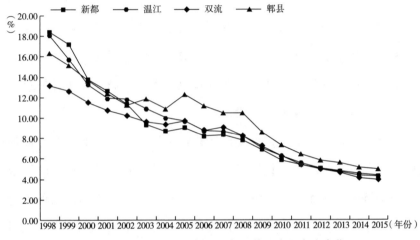

图 1-5　新都、温江、双流、郫县第一产业占比变化

资料来源：根据 2000~2016 年《成都统计年鉴》数据整理。

这种短期效应表明，撤县设区的目的主要是推动成都市作为大都市区整体的扩展建构，而非实现科学有效的布局推动所辖县区自身的快速发展。具体而言，这种阶段性效应主要源于成都市作为副省级城市对市辖区、周边县具有不同的管理权限。成都市为了加快城市化进程、提高经济发展质量、优化产业布局，促进产业结构升级是其必经之路。而在市区用地紧缺、产业相对饱和的情况下，成都主城区作为大都市区核心，需要周边县市的配合，为此成都市着重开展了对新城的规划和建设。这些新城就是在原规划卫星城的基础上，构建的具有相对独立性、承担疏解中心城区人口和功能、聚集新的产业、带动区域发展的规模化城市地区。这些地区将在已有发展的基础上，综合当地区位条件，实施非均衡特色发展战略，在建立常规公共配套设施的基础上，更加强调与中心城区功能的分质化，分解部分中心城区功能，满足城市发展所需要的新增功能。

由于新都县实行撤县设区，原来夹在成都市区与青白江区中间的"县域障碍"不复存在，新都区也由此能与青白江区协同发展。由此构建的新青新城由新都区和青白江区通过集中性区域开发进行联动，重点发展现代商贸物流、机电装备、冶金建材、化工等产业职能。温江新城则重点发展健康服务、科技研发等现代服务业职能，以产业高级化、专业化为主要特征。温江区与新都区作为成都市辖区，使成都市可以直接就城市与土地资源规划行使市级管理权限，因而有利于提早开展全面的产业布局和基础设施规划与建设。

双流县、郫县在新都区、温江区快速发展后，也开始在多方面加速发展，这在另一个层面上说明了双流县、郫县的重要性，也反映了成都市已经将虽未成功撤县设区的双流县、郫县作为成都市的市辖区进行产业布局，将其纳入成都大都市区建设的一部分。由此可见，作为被撤县设区或正在准备撤县设区的县，在这一过程中是相对被动的。作为国家知识产权强县工程示范县、全国科技进步先进县，郫县在高新技术产业、科研教育培训方面更具发展优势；而处于下风、下游方向的双流县区位条件优越，成都也计划依靠机场的便利，在双流县建成国际航空物流园区和双流物流中心。尽管郫县与双流县此时只是成都市周边县，成都市直接开展管理的权限受限，土地审批权仍在省级人民政府，同时也无法获得两地的财政支配权，但这并未阻止成都市放弃双流县和郫县的独特优势进行产业调整与规划布局。市辖区与县身份上的差异造成成都市管理权限的差异，但它并不能为新都、温江两区与双流县、郫县两县在后期发展中带来质的差异，而只能使两者在前期发展的时间和速度上有所差异，这种差异反映在前文的图表中就体现为撤县设区政策的阶段性特征与短期效应。

4. 成都市撤县设区的实践在本质上体现了大都市区在扩张中进行内部整合的过程

总体而言，成都在城市化发展过程中，形成了中心城区和周边卫星城用地迅速拓展并联为一体而无明显界限区分的特点，这正是成都市向外拓展构建大都市区的趋势。在这个共同构成的大都市区域内部，成都市区与周边经济强县发展迅速的同时，存在不同层级政府间的利益冲突与竞争，主要是以土地为核心的产权归属不同和土地发展利益分配的矛盾，以及财政权力是否相对独立。在这样的背景下，一方面县市关系决定着市的意愿占主导，另一方面撤县设市政策的暂停限制了县的进一步发展，因此撤县设区为成都市与周边县提供了另一种发展思路：既能满足成都市扩大建设空间、疏解城区功能的意愿，又能提高县的基础设施建设与城市化水平。

在撤县设区的过程中，成都市选择吸纳经济基础强的县，由此可以获取被撤县设区的县的经济力量。除此之外，由于温江、新都等县经济基础良好并初具自身发展特色，所以成都市更多的是在已有基础上聚集新的互补产业、带动区域发展，以调整优化升级产业结构，从而避免了如广州市番禺区、花都区市级重点项目与地方产业发展基本上没有衔接、各自为政的情况发生。这种良好的互动最终达到了双向互利的效果，不仅满足了最初市与县的发展需求，更通过合理的规划与布局促进区域联动、加快城乡一体化进程。但是从本质上来说，撤县设区仍是由中心城市主导的，撤县设区的过程也正是大都市区在扩张中进行内部整合的过程，通过行政区划调整极大地排除了不同层级政府间区域治理的经济性与制度性障碍，推动了大都市区的构建。

四　讨论与结论

改革开放以来，我国的撤县设区实践在 2000~2002 年以及 2014~

2017 年处于两个高峰期。从空间分布上来看，撤县设区实践主要发生于我国东部或先发地区，从城市等级来看，大部分撤县设区的城市属于直辖市、副省级城市或副省级城市以外的强省会城市，这些城市撤县设区的强度明显高于后发地区大城市。由此可见，后发地区大城市在撤县设区的运动中，处于"马太效应"的低端，越是先发的地区，越早越快地通过撤县设区进程完成了城市空间的扩大、财政能力的增强以及城市综合竞争力的提升，而后发地区大城市则在此过程中面临着更大的竞争压力。

结合成都市撤县设区的实践，后发地区大城市的撤县设区主要是中心城市为了满足扩张需要构建大都市区而做出的选择，解决的主要是中心城市的发展用地与功能分散问题。由于财政分权机制的存在，省直管县或县级市将会使它的财政独立于市，事权也相对独立，而撤县设区则使中心城市能够获取被兼并县或县级市的财政以及相关管辖权。在这个过程中，县域政府都处于相对被动的地位。撤县设区仍是由中心城市主导的大都市区扩张中进行内部整合的过程，通过行政区划调整可以在较大程度上排除不同层级政府间区域治理的经济性与制度性障碍，推动大都市区的构建。而相比于后发地区的大城市，东部地区的撤县设区则较好地完成了经济增长与区域协调的双重目标，特别是直辖市与副省级城市的撤县设区更是利用其快速集聚人口、资金与产业的优势，实现了大都市区协调发展与经济增长的双赢。因而，撤县设区在一定程度上所造成的"马太效应"，将使后发地区的大城市处于竞争的弱势一方，而这种竞争弱势则进一步转变为后发地区大城市扩大其集聚效应的动力，从而破坏了后发地区大城市实现区域协调发展的进程。近年来，处于后发赶超地位的四川、湖北、河南等省份，都出现了其省会城市经济首位度提高的现象，这一现象值得政策制定者高度关注。

当然，撤县设区主要在东部经济较为发达或是行政等级较高的城市进行，保证了中心城市具有强大的辐射力和扩散力，能够充分带动周边区县；撤县设区的县或县级市也需要达到一定的经济发展程度和人口集聚规模，与市区发展差距不宜过大，才能真正做到主动适应市区规划而非被动接受。在此基础上，撤县设区也需要市与区的沟通与协商，形成共同治理的理念，使规划不与市和区两者的利益相冲突。这样才能在过程中既满足城市扩大建设空间、疏解城区功能的需求，又能提高被撤县设区的基础设施建设与城市化水平，从而使市县区发展达到双向互利的动态过程。

第三节　从政治动员到互利共赢：区域统筹背景下的区县协作机制研究

一　研究背景与文献综述

党的十八届五中全会提出了构建推动区域协调发展，塑造要素有序自由流动、主体功能约束有效、基本公共服务均等、资源环境可承载的区域协调发展格局的新要求。① 地方政府是区域合作的主要参与者和获利者，区域统筹本质上是密切区域内政府间关系，加强区域内政府间合作的政府过程。当前我国区域统筹存在府际合作缺乏可持续性及绩效偏低的问题，导致了城乡区域统筹的政策目标难以达成。

西方学界普遍认为，财政、操作和政治是影响地方政府间合作的主要因素。② 竞合理论提出，地区间"既竞争又合作"的状态源于不同地区间地方政府的利益和目标存在的差异；20 世纪 90 年代初出现的"新

---

① 《十八大以来重要文献选编》（中），中央文献出版社，2016，第 800 页。

② Sullivan Helen，Skelcher Chris，*Working Across Boundaries Collaboration in Public Service*（New York：Palgrave Macmillian，2002），p.14.

区域主义"的思想则认为，拥有不同利益诉求的地方政府在区域内横向的互动与合作对于区域经济发展、政策转变和信息交流有较强的积极作用，① 这一理念更加强调地方政府间的横向且自发的协调与利益整合。与此同时，国内关于地方政府合作的研究则分为两类，一类研究强调按照"复合行政"的新理念、通过区域间政府合作实现区域经济一体化；② 另一类则重视对区域统筹中问题和困境的研究，认为地方政府存在的各自为政、地方市场分割、地方保护主义、政治动员等因素，使区域合作面临着行政区划、激励机制、政治晋升等方面的阻碍。③ 关于地方政府间合作机制的构建，国内学者普遍认为，其起因源于区域一体化的兴起涉及政治、经济、政策等多元因素，因而区域间政府合作在实践中也表现出不同的类型，包括互利模式、大行政单位主导模式和中央诱导模式等。④

在归纳相关研究成果的基础上，本节以 H 市为例⑤探讨了基于纵向府际关系的"政治动员"模式和基于横向府际关系的"互利共赢"模式在促进府际合作中的不同作用和相互关系，对府际合作的权力结构与运行机制进行了探讨，并试图寻找府际成功合作的关键变量与政策要点，以期为我国的政府间合作提供理论贡献与实践经验。

---

① Norman Palmer, *The New Regionalism in Asia and the Pacific* (Lexington, Lexington Books, 1991), pp. 1-19.

② 王健、鲍静、刘小康、王佃利：《"复合行政"的提出——解决当代中国区域经济一体化与行政区划冲突的新思路》，《中国行政管理》2004 年第 3 期；陈剩勇、马斌：《区域间政府合作：区域经济一体化的路径选择》，《政治学研究》2004 年第 1 期。

③ 周黎安：《晋升博弈中政府官员的激励与合作》，《经济研究》2004 年第 6 期；杨爱平：《论区域一体化下的区域间政府合作——动因、模式及展望》，《政治学研究》2007 年第 3 期。

④ 杨龙：《地方政府合作的动力、过程与机制》，《中国行政管理》2008 年第 7 期。

⑤ 基于案例研究的需要，本节对案例所在市及下属区县做了匿名处理。相关资料来源于笔者在网络公开查询的资料及与相关当事人的访谈。

二　政治动员：H市区县合作的启动

（一）政治动员机制的内容与运作逻辑

政治动员是党和政府推进区域统筹工作的主要模式，带有较强的行政强制性。所谓"政治动员"，就是指上级党和政府利用其拥有的政治资源，动员下级政府或社会力量达成经济、政治和社会发展目标的政治运动。[①] 我国的政治动员机制有三大特征：一是上级党委和政府是政治动员的主体；二是以纵向政府间关系为主要运作通道；三是纵向府际关系存在基于晋升机制的强烈的依存关系。

政治动员在区域合作中体现为六大机制：一是目标制定机制，即通过政治层面的顶层设计，确定政策的前景与目标；二是会议落实机制，即通过召开会议的形式，向区域内各地方政府主要负责人通报政策内容，通过会议讲话强调政策的重要性；三是政策宣传机制，即通过红头文件、政策决议、实施意见、精神学习等方法将政策的措施和要求向执行层传达；四是组织构建机制，即通过建立项目领导小组和日常办公机构跟踪政策的执行情况，实时反馈沟通政策的落实和改进；五是结对帮扶机制，通过政治手段让发达地区与欠发达地区进行结对，采取"行政发包制"[②] 的模式，并对区域间结对情况进行统一的管理和考核；六是考核监督机制，即根据结对合作的具体情况对相关的地方政府、部门和官员个人进行考核监督，以确保政策落实的绩效。

[①]　林尚立：《当代中国政治形态研究》，天津人民出版社，2000，第271页。
[②]　周黎安：《行政发包制》，《社会》2014年第6期。

（二）政治动员：H 市区县合作机制的启动过程

1. H 市区县合作的目标制定

为了解决 H 市长期存在的东西区域发展不平衡、城乡发展不协调、县域经济发展乏力等问题，H 市委、市政府于 2010 年商议在 H 市建立区县合作机制，并在制度文件中明确提出了区县合作的发展目标，即通过区县合作的实现，使 H 市区域内的资源配置更加合理，提升县（市）经济增速，并使其增幅高于全市平均水平，提高五县（市）经济总量占全市比重，进而拉近五县（市）与城区发展差距，实现 H 市全面协调的发展。

2. H 市区县合作的会议落实

为了更好地推进区县合作机制的实施和落实，H 市委、市政府在政策文件下达前先后召开了四次区县领导干部工作会议，讨论区县合作机制的细节问题和总体要求，解释实施 H 市区县合作机制的意义、任务和原则。

一是向各区县的主政领导解释实施区县合作机制的重大意义，即有利于优化配置城乡资源，实现互补互利；有利于加快五县（市）发展，促进城区与五县（市）协调发展；有利于加快转变经济和城市发展方式，形成城乡经济社会发展一体化新格局。

二是在会议上下达了区县合作的总体任务和要求，即以新型城市化为标准，以区县协调发展为目标，建立区县合作机制，进而实现区县互补互利，城乡融合，特别是提升五县（市）的经济社会发展水平、农村文明程度和农民富裕程度。

三是在会议上落实区县合作工作的基本原则。H 市为区县合作制定了"党政主导、市场运作""优势互补、联动共兴""突出重点、注重实效""创新机制、增强活力"的基本原则，通过发挥党委和政府在统筹规划、政策制定等领域以及市场在资源配置中的作用，使城区与县

（市）间在产业、资金、市场、科技、人才、信息、土地、资源、劳动力等方面进行优势互补，促进互利合作见实效、出成果，并通过制度创新和机制改革，激发区县合作的活力和持续力。

3. H市区县合作的政策宣传

为了进一步在执行层面落实H市委、市政府关于区县合作的要求，2010年H市委、H市人民政府《关于以新型城市化为主导，进一步加强城乡区域统筹发展的实施意见》、H市委办公厅、H市人民政府办公厅《关于建立区县（市）合作机制，推进城乡区域统筹发展的实施意见》等政策文件先后出台，对区县合作的具体内容进行了安排和规划，确定了区县合作的五大领域。

一是产业共兴。即围绕H市的产业转型升级任务，引导城区制造业、农产品加工业、休闲旅游业、现代服务业和创意产业等向县（市）转移。城区方面承担支持县（市）发展的重任，城区企业转移到县（市）的投资项目，享受转出地的优惠政策；五县（市）方面则加强基础设施建设，改善投资环境，提供土地资源等政策优惠，努力把握城区产业转移的机遇。

二是资源共享。即围绕H市资源要素优化配置的要求，引导城区资金、技术、人才等要素向五县（市）和农村地区进行合理流动，促进城区的企业参与县（市）的资源开发和市场拓展，吸纳农村劳动力；与此同时，通过合作，城区与县（市）之间加强交流平台的构建，开展各类招商活动，推介投资项目，使县（市）成为城区发展的核心基地。

三是乡镇结对。即H市区县双方建立乡镇层面的结对制度，城区的街道与县（市）的乡镇一一结对，开展结对的城区街道每年需安排一定数额的资金用于所结对乡镇经济项目建设，并积极组织辖区内企事业单位参与结对共建工作。

四是干部挂职。即开展合作区县之间、结对乡镇之间的干部互派挂职工作，努力发挥挂职干部协调沟通、传递信息的纽带的作用，也为后续进一步加强 H 市优秀青年干部的培养锻炼工作提供保障。

五是环境共保。即通过区县合作，解决区域和流域的环境问题，共同保护 QD 湖、FC 江、XA 江、QT 江水域和 Z 湖、DY 河水域生态环境，为 H 市打造生态型城市和山水园林城市做出贡献，提高 H 市的可持续发展能力。

4. H 市区县合作的组织构建

H 市区县合作的组织构建有两个层面的制度安排。

首先是领导组织系统的构建，其大致可以分为四个层级：第一个层级是市委和市政府，它们是 H 市区县合作领导组织架构的最高层，市委、市政府领导组成指导组，指导区县合作工作的开展；第二个层级是 H 市农办，市委和市政府在市农办建立由市委分管副书记为组长的领导小组，主要负责日常工作和进程的交流，根据各合作区的实际情况制定切实可行的政策措施，并将其落实到具体活动中；第三个层级是指导小组，由市委和市政府的领导组成，主要负责指导区县的合作工作，为每一个合作组日常工作的开展提供相关指导；第四个层级是五大合作组，根据各区县的发展实际和特色组合而成，在指导小组的带领下，实现统筹发展、合作共赢。

其次是沟通协调系统的构建，包括工作推进制度和联席会议制度。一是建立区县合作推进机制。在市级层面则建立由市委分管副书记为组长的领导小组，领导小组办公室设在市农办。领导小组定期召开会议，交流工作，通报情况，制定政策。二是建立区县合作联席会议制度，即建立由区县合作双方党委、政府主要领导和有关负责人组成的联席会议制度，明确召集人、副召集人，建立定期协商、互访、沟通机制，研究、部署、落实合作工作。

5. H 市区县合作的政治结对

H 市委、市政府按照"产业互补、地域相连"的原则，建立了八城区、H市经济开发区、U风景名胜区、Q新城管委会与五县（市）间的五个对口联系、联动发展的区县（市）合作组（见表1-8）。

表1-8 H市区县合作的政治结对情况

合作组	成员名单		
	城区政府		县级政府
第一合作组	X区（牵头）	S区	F市
第二合作组	Y区（牵头）	C区	L市
第三合作组	J区（牵头）	H市经济开发区	D市
第四合作组	U区（牵头）	Q新城管委会、U风景名胜区	N县
第五合作组	G区（牵头）	B区（H市高新技术开发区）	T县

第一合作组由X区、S区与F市组成。这三个区市地理位置邻近，X区和S区有充分的产业优势、人才优势、信息优势，F市有充分的山水资源环境优势。三个区市相互合作，F市可以在一定程度上弥补X区和S区旅游资源的不足，同时X区和S区也可以凭借其信息和产业技术优势帮助F市山居新农村精品工程建设的完成，加快城乡一体化的进程，实现优势互补、资源共享。

第二合作组由Y区、C区与L市组成。这三个区市地缘相近，在诸多方面都有着紧密的联系。通过推进区市合作，可以加快城乡资源优化配置，促进城区要素进L市、L市资源补城区，增强互动互利效应，实现优势互补，促进两区一市协调发展。

第三合作组由J区、H市经济开发区与D市组成。D市与J区和H市经济开发区并不相邻，但D市的地域空间相对较大，有丰富的旅游和产业开发资源，在一定程度上弥补了J区和H市经济开发区的不足。该合作组的构建可以发挥城区对D市的辐射带动作用，提升D市的城市化、现代化水平，打造新的增长极，加快推进基础设施配套建设，发挥资金流、人才流的集聚作用，加快D市的产业发展。

第四合作组由 U 区、U 风景名胜区、Q 新城管委会与 N 县组成。它们的相似之处就是有丰富的旅游资源，包含了 XX 湿地、Z 湖以及 N 县著名的 QD 湖。这几大区县（管委会）联合形成合作组可以充分整合自身的旅游资源，进一步促进 H 市旅游产业的发展，实现产业共兴。

第五合作组由 G 区、H 市高新技术开发区（B 区）与 T 县组成。B 区作为国家级高新技术产业园区，将为数不多的剩余地块预留给了物联网、互联网和文化创意等三大新兴产业，因此 B 区存在企业用地紧张的发展困境。T 县与 B 区只相距 40 分钟的车程，以加工制造业为主，土地相对充裕，但相对缺乏产业层次高的项目。区县合作机制可将这两个区县捆绑在一起，通过 T 县划拨土地并加挂 B 区高新技术产业园 T 分园牌子的方式，一方面解决了 B 区土地贫乏的问题，另一方面带动了 T 县高新技术产业的发展，实现了两地的优势互补。

6. H 市区县合作的考核监督

H 市的区县合作的考核监督是区县合作绩效和项目落实的有效保障。根据相关规定，H 市区县合作工作的成效纳入了 H 市政府综合考核内容，并在这个基础上设立了区县合作情况通报和定期督查机制，在每年年末开展 H 市区县合作绩效评估工作，以保证科学地评价区县合作绩效和成果。除此之外，H 市每年都会专门开展 H 市区县（市）合作先进集体和先进个人评比大会，对合作成绩突出的单位和个人进行表彰奖励，对项目延期断尾、合作任务执行不力的情况进行公开批评。

三　互利共赢：H 市区县合作的维持

（一）地方政府的行为动机与利益构成

地方政府推动区域统筹的行为动机主要有两大取向：一是公共价值的满足，即满足公众对于政府的价值期待，并实践政府官员的公共职业道德。这个层面的行为是公共性的，这类政府行为是政府公共服务职能的集中体现，体现了服务型政府的基本要求。二是政府自身利益的最大化，即以获取利益作为政府一切行为的根本出发点。基于"经济人假设"，政府部门及其工作人员在施政过程中存在自利性的利益驱动，[①]利益的获取和预期收益的提升是地方政府行为的根本原因和合作维持的根本动力。基于此，地方政府在获取利益中主要表现在两个层面：一是获取经济利益，即通过区域发展，特别是经济的发展体现地方政府的工作绩效，这也能为政府带来充分的财政保障；二是政治利益，即通过政府行为获得的政治收益，主要表现在官员的激励、考核和晋升等领域。

（二）地方政府合作中的"互利共赢"要素之解构

地方政府合作的行为动机源于合作双方对于合作互利成果的良性预期，这种"互利共赢"主要包括四个基本要素。

一是内生经济利益的满足。政府间合作涉及双方政府主体，其开展合作的前提是双方存在利益互补和相互促进的空间，这种经济利益往往是潜在的内生性需求。例如发达地区具有充足的资金和较高的技术，但缺乏土地和资源；而欠发达地区则与之相反，它具有充分的土地储备、廉价的自然资源和劳动力，但与此同时缺乏资金和技术，发展水平不同的两地区之间就可以通过基于资源交换产生的潜在经济利益进而达成合作关系。

二是合作经济利益的达成。政府间合作涉及产业转移、项目合作、市场开拓等多个领域，通过项目合作中的收益分成，双方均可以获取财政收入和 GDP 增长；通过市场共拓则可以提高地方企业的整体收入，这些利益都是合作后的"合作经济利益"，即地方政府通过合作相互增

---

① 陈国权、李院林：《政府自利性：问题与对策》，《浙江大学学报》（人文社会科学版）
2004 年第 1 期。

进原本没有的利益。

三是经济利益的政治反馈。地区经济的发展和财政收入的增长，会给予地方政府和主政官员间接的政治反馈，相关地方政府会在年度政绩考核中表现得更加优秀，因而增加其政治资本，这是我国改革开放后地方 GDP 锦标赛产生的根本原因。

四是政治激励的推动。政治动员模式下，为了增加地方政府间合作的积极性，普遍会通过政治激励的方式给予地方政府和官员更多的政治回报，比如会专门设立针对合作成功的考核体系，对考核优秀的地区和主政官员进行薪酬奖励或提供晋升机会。

（三）互利共赢：H 市区县合作的深化过程

1. H 市区县合作对内生经济利益的满足

H 市区县合作中潜在经济利益的满足是区县合作达成的基本前提。从合作资源输出的主力军——城区政府的角度来看，这种潜在经济利益集中体现在三个方面。

一是满足 H 市城区的"退二进三"的需求。即将 H 市城区中的第二产业转移至县（市）级政府，为第三产业的进入留下足够的空间，实现"腾笼换鸟"，这一方面提升了 H 市主城区的产业层次，另一方面通过项目转移的形式发展了县（市）的地方经济，最终实现了 H 市区县互利共赢的目标。这一需求的代表性案例是对外拓展的工业型企业代表——R 电冰箱公司，通过退出 S 区并转向 F 市建设产业园，从而得到进一步的快速发展，一方面给 S 区腾退出了土地资源以吸引更高附加值的产业，另一方面则为 F 市带来了较高且稳定的财政收入与就业岗位。

二是满足 H 市城区内传统企业扩张的需求。H 市主城区有许多对土地有较大需求的制造业企业，目前在城区内已很难继续获得廉价土地进行发展，因此只有将工业厂房转移至地价相对便宜的远郊县（市）。

在此种情况下，H市城区与县（市）的合作就可以有效实现这些企业发展的需求，最后惠及区县双方。H市汽车驾驶教育中心从主城区转移至F市，实现了用地量大的现代化服务业的有效转移，既为主城区腾出了可观的建设用地，又有效地带动了县（市）相关产业的发展。

三是满足消费市场的相互需求。H市主城区需要大量的农副产品来满足城市居民的食品消费需求，也需要更大的市场销售日用家电等产品，而H市所属县（市）的农村地区则需要更好的农副产品销路和先进的家电，所以双方在消费市场的相互需求中是互利共赢的。代表性的合作案例就是H市的农业合作项目，通过市区主导的农业产销一体化，市区获得了价格稳定、质量有保障的农产品来源，同时也促进了县（市）农民的增收。

2. H市区县合作对合作经济利益的达成

对于H市的县（市）而言，区县合作中的产业转移、项目落地、企业发展、市场拓展都是合作经济利益的重要组成部分，其推进合作的积极性是巨大的。而对H市主城区而言，合作经济利益是间接获取的，其包括间接税收和税收分成政策两个部分。

首先是间接税收。城区的企业在H市下属县（市）价格较为低廉的土地上进行扩张和发展，但是由于其总部还在主城区，所以虽然主城区在"退二进三"，但是"退二"政策并没有降低第二产业对于主城区经济的贡献率。因为总部经济将通过企业发展中的收益提升，给予主城区更多的间接税收。

其次是税收分成政策。即由区县双方共同出资，在县（市）建立的合作项目最终所产生的收益，将通过税收分成的方式分别给予合作双方。对于主城区而言，由于城区的土地资源可以通过"腾笼换鸟"的过程实现更有效的利用，这一收益的增加足以弥补税收分成的付出；而对于下属县（市）而言，通过主城区项目外扩的方式可以获取税收分成，从而增加县（市）的财政收入。

3. H市区县合作机制中的政治激励

H市区县合作机制在政治激励层面主要包括指标分成政策和年度考核激励政策两大部分。

首先是指标分成政策。该政策通过将H市主城区与县（市）政府的合作项目所产生的经济指标和招商引资考核指标进行分成，有效地激励了两主体间的合作。在H市区县合作的实施意见中明确规定了区县合作绩效指标的分成政策，即在区、县（市）合作共建的产业基地中，依据产业基地对地方财政收入的贡献以及项目的资产、利润等因素在合作区、县（市）之间进行合理分配；当产业合作基地发展到一定阶段时，由市统计局和结对区、县（市）共同协商产业合作基地产生的综合效益，对主城区政府与县（市）政府进行绩效考核的合理划分，从而保障了双方在绩效考核层面的利益。

其次是年度考核激励政策。该政策解决了H市区县合作的执行政府部门和官员个人激励问题。通过年度业绩考核，对表现优异的政府部门进行奖励，对推进区县合作表现突出的政府官员进行奖励或者晋升，对表现不佳或是没有有效落实项目任务的机构和个人进行批评，可以有效解决不平等资源输出情况下如何通过政治激励进行利益补偿的问题。

四 促进区域统筹合作的经验与启示

（一）重视下级政府利益和合作前提：从"单向帮扶"转向"双向互利"

区域统筹背景下的政府间合作的成败基于两大因素：一是下级政府利益的满足程度，二是是否具有互利共赢的空间，即合作前提是否充足。由于区域统筹背景下府际合作的资源输出不等量，所以利益天平的倾斜会导致双方的合作动机出现不契合。

上级政府在制定区域统筹政策时要充分重视下级政府的利益诉求，摒弃传统的"单项帮扶"模式，着眼长远的"双向互利"目标，根据区域内各下级政府不同的利益需求来进行相应的政策设计，制定一定的利益补偿机制，来保证合作双方公平的利益输送。除了下级政府利益的考量之外，制定合作政策前还需优先考虑合作双方的合作结合点。例如 H 市区县合作的合作组安排就充分考虑了城区"退二进三"的需求和县（市）承接产业发展资源的需求，使城区的资金和投资与县（市）的土地资源和市场之间形成了合作结合点，从而构建起府际合作中长期双向互利的重要保障。

（二）推进上级政府顶层设计：合作规则的制定与保障

合作规则的制定是影响区域统筹背景下下级政府合作持续性的重要保障，也是开展高效府际合作的前提条件。上级政府可以在合作规则中设置政策目标与方向，确立合作的目标和整体规划。例如 H 市将全市区域分为五大合作组，实现了 H 市整体区域发展政策的落实；可以通过确立激励规则，来确保合作双方利益输送的公平性和绩效考核；可以通过制定组织规则，解决府际合作中的组织管理问题和协调沟通问题。上级政府进行区域内的整体合作规则设计，一方面要充分考虑地区整体利益和区域发展目标，另一方面也要充分协调区域内各地方政府的利益矛盾。

在制定区域间合作规则时，应当注意如下方面的问题：第一，在规则制定前要做好整体协商工作，与区域内受此规则影响的主政官员进行沟通，保障各方的利益诉求；第二，规则制定需要规范化、科学化、制度化，特别是涉及利益分配的规则，其指标和项目都要明晰准确，并应坚守区域利益互补的基本前提；第三，规则的贯彻执行比制定更加重要，规则的执行需要强力的保障手段。H 市在区县合作机制上，主要采纳了包括上级委派的合作协调沟通机构的督促和年终合作考核机制以实现规则的有效执行。

（三）设置制度化的合作协调沟通机构

设置制度化的合作协调沟通机构可以快速解决区域内部的利益纠纷和矛盾，并降低合作中的沟通成本，与此同时也有利于统一监督、管理和考核，这也是 H 市区县合作机制成功运作的关键所在。

首先，应当通过协调机构的设置保障弱势利益主体的诉求。H 市的区县联席会议为城区和县（市）提供了一个公平协商的平台，从而使城区与县（市）之间的矛盾通过制度化的方式加以解决。其次，由上级政府设立定期召集的协调机构可以有效降低区域内府际合作的沟通协调成本。在地级市层面，区、县（市）的数量繁多，依托下级政府间自发的沟通协调将带来巨大的行政成本，因此上级政府设立的协调机构是十分有必要的。最后，设置跨区域的协调机构，加强区域内府际合作的日常管理工作。H 市成立了市级层面的城乡区域统筹发展工作委员会、合作推进组与县（市）办公室三个相互衔接的组织机构，通过"一委七组一办"的工作组织机制有力督促了合作项目的开工落实，并精准把控和反馈整个合作进程，从而保障了合作成果的质量。

（四）构建系统化的互利共赢机制

单纯的政治动员机制由于缺乏互利共赢机制，无法有效激发下级政府的合作动机，从而难以保障区域统筹下下级政府合作的持续性和绩效。因此，构建系统化的互利共赢机制是区域统筹政策目标达成的关键。例如 H 市在区县合作机制中以税收分成政策为核心的财政转移支付的经济互利体系以及以指标分成政策为核心的政治指标分配的政治互利体系，从而保障了 H 市区县合作机制的成功运转。税收分成政策使合作双方可以公平地收获资源投入的回报，而指标分成政策则使合作双方能够完成上级要求的地方政府招商引资和项目开发的考核指标，从而真正实现区域间的互利共赢。

（五）用政治激励实现利益补偿

区域统筹在实施过程中可能存在极端情况，即双方始终难以发掘到有效的合作互利点，也就是说，合作双方的利益输送极度不平衡，一方在合作中明显利益损失较大。即使存在互利机制的设计，也难以满足统筹工作的推进需求，在这种情况下，就需要通过政治激励的方式来实现对利益损失方的利益补偿。

例如 H 市区县合作机制中对利益补偿问题做出了明确的制度规定：对于欠发达地区而言，其补偿主要体现在经济层面，包括财政转移支付、财政拨款等。而对于资源输出量较大的、带有帮扶性质的发达地区而言，针对合作成果的年度考核和晋升激励机制以及地方政府发展建设指标的分享制度，可以有效实现对发达地区的利益补偿。此外，以职务晋升为目标的政治激励形式在实践中也被证明是具有实效的方式。因此"互利共赢"机制的实现不仅要体现在区域发展的客观绩效层面，也应在干部的政治利益方面做到公正考量，从而全面激励地方官员对区域统筹政策加以落实，以实现干部执政绩效与个人激励的有机统一。

第二章 "统合式治理"及其
制度逻辑

第一节 "统合式治理"：一种中国国家治理的
权力运行机制优势及其内在逻辑

一 问题的提出

改革开放以来，中国经济实现了长期快速发展，并向全世界展示了中国国家治理在"坚持全国一盘棋，调动各方面积极性，集中力量办大事"[①] 过程中的显著优势。"中国奇迹"现象的产生，引发了学术界关于中国国家治理模式的相关讨论。以"统治风险与有效治理"为观察视角的行政发包制和"上下分治"从组织社会学的视角出发，通过分析效率与稳定这一基本矛盾，描述了一种基于维护国家治理稳定的前提下，如何提升治理效率的运作逻辑；[②] 以"财政分权与地方增长"为

<hr>

① 《十九大以来重要文献选编》（中），中央文献出版社，2021，第 270 页。

② 周黎安：《行政发包制》，《社会》2014 年第 6 期；曹正汉：《中国上下分治的治理体制及其稳定机制》，《社会学研究》2011 年第 1 期；周雪光：《国家治理逻辑与中国官僚体制：一个韦伯理论视角》，《开放时代》2013 年第 3 期。

观察视角的财政联邦主义、地方分权式威权主义，从经济学的视角出发，描绘了基于绩效合法性基础上的财政分权治理逻辑;[①] 以"纵向博弈与横向竞争"为观察视角的锦标赛体制、"行为联邦制"与压力型体制，从政治学的视角出发，分析与解释了地方政府间通过博弈与竞赛的方式开展绩效竞争的治理逻辑。[②] 上述理论假说从不同的侧面出发，分析与解释了中国国家治理逻辑中的宏观权力运行机制。通过将"中央—地方"关系与"国家—民众"关系进行统合考虑,[③] 相关研究进一步形成"决策委托人—执行代理人—民众"三分的"三元互动结构"分析框架，并概括了其"一统体制与地方分治""多重目标与行为选择""底线合作与激励差异"的三个核心特点，从而进一步将中国国家治理逻辑的解释引向中观层面。而对于组织运作的微观层面，究竟是何种具体的组织运作模式或机制引致了"中国奇迹"的治理现象？这一问题有待进一步地研究加以探讨。

　　资本是经济生活中的权力，权力是政治生活中的资本。[④] 在中国国家治理中，权力与资本的关系交织其中，并形塑了以"土地财政"为基础的政商关系互动格局。由此，与以"高经济增长"为代表的"中国奇迹"形成"一币两面"的"高廉政风险"现象也成了中国国家治理的现实问题。作为系统性腐败现象的制度性诱因，高廉政风险植根于地方政府的效率优先战略及其经营化的运作逻辑,[⑤] 其体制基础则体现

---

①　W. E. Oates, *Fiscal Federalism* (New York: Harcourt Brace Jovanovich, 1972), pp. 35–36; Chenggang Xu, "The Fundamental Institutions of China's Reforms and Development," *Journal of Economic Literature* 49 (2011): 1076–1151.

②　周黎安:《中国地方官员的晋升锦标赛模式研究》,《经济研究》2007 年第 7 期;郑永年:《中国的"行为联邦制":中央-地方关系的变革与动力》,东方出版社, 2013, 第 1 页;荣敬本等:《县乡两级的政治体制改革如何建立民主的合作新体制——新密市县乡两级人民代表大会制度运作机制的调查研究报告》,《经济社会体制比较》1997 年第 4 期。

③　周雪光:《中国国家治理及其模式:一个整体性视角》,《学术月刊》2014 年第 10 期。

④　陈国权、毛益民:《权力法治与廉政治理》,中国社会科学出版社, 2018。

⑤　陈国权、孙韶阳:《效率优先战略下的地方政府经营化与高廉政风险》,《浙江大学学报》(人文社会科学版) 2016 年第 5 期。

在地方政府在"创新—法治"两难困境中的张力。地方政府在面临着锦标赛竞争的大环境下，只有通过"集中力量办大事"的方式，突破既有的制度约束，才能够实现经济等考核指标的超常规增长，而这种权力不受制约的代价，则是权力失范乃至高廉政风险现象的产生。对以"管委会—公司"为代表的"政企统合治理"模式的研究表明，公权力采取"遁入私法"的方式绕开权力制约监督，进一步增加了权力失控的风险。①

对上述呈现为"中国奇迹"的"高经济增长"与呈现为"塌方式腐败"的"高廉政风险"双重现象加以考察，不难看出，"双高"现象的并存，其核心在于中国国家治理特别是地方政府治理过程中的中观甚至微观层面组织运作逻辑的宏观呈现。倪星等在研究中观察到，基层政府官员的行为开始由"邀功"转向"避责"；②谷志军关注到了问责与避责现象的"一币两面"，③但上述研究并未切中地方运作的现实情境。事实上，"邀功"现象与"避责"现象在地方治理的实践中往往是同时存在的，这种现象在法学界被概括为"遁入私法"现象。基于组织社会学的视角剖析这一现象可以发现，公权力主体在"遁入私法"的过程中往往具备多重主体身份。而透过公权力主体的多重身份，公权力实现了其权力由"法无授权即禁止"的行政法治约束逻辑向"法无禁止即可为"的民事法治约束逻辑的蜕化，进而达成了"邀功"与"避责"双重治理效果。进一步地，这种双重治理效果对"中国奇迹"将提供有益的组织社会学层面的中观解释。为此，本节将这种公权力组织选择性扩权与避责并举的组织现象用"统合式治理"的概念加以描述，并深入分析"统合式治理"的内在组织逻辑。公权力组织通过"统合式治理"的机制实现了多重身份权责的重组，最终实现了"集中力量办

① 周鲁耀：《"统合治理"模式下的高廉政风险及其制约监督研究》，《浙江大学学报》（人文社会科学版）2017 年第 2 期。
② 倪星、王锐：《从邀功到避责：基层政府官员行为变化研究》，《政治学研究》2017 年第 2 期。
③ 谷志军：《问责政治的逻辑：在问责与避责之间》，《思想战线》2018 年第 6 期。

大事"与"规避公权力约束"的双重目标。那么,"统合式治理"这一种中国国家治理的组织形式是怎样产生的呢?它有着怎样的组织基础与运作逻辑?如何客观认识这一治理形式,并在发挥其制度优势的基础上同时使其得到有效的权力制约?本节将对"统合式治理"的组织逻辑进行深入分析,并试图探讨其可行的转型空间。

二 "统合式治理"的组织基础

中国国家治理中存在的制度、权力与治理逻辑之间的平衡转化呈现为"委托与代理""正式与非正式""名与实"的矛盾。这一抽象的概括在中国国家治理现实中的体制、组织及执行三个层面都可以找到典型事例。

第一,在体制层面,存在如党政关系的体制性统合逻辑。对于重大议题的决策,通常由执政党首先加以决策,而政府部门则往往充当决策后的执行角色。"一方面政府作为法定的行政机构行使法定职权,但在具体的行政过程中往往仅具有执行权;另一方面,与政府部门所嵌套的党组织往往行使领导权和决策权"①,因而形塑了"党委决策、政府执行"的二元公共决策模式。从实质上看,执政党毫无疑问是重大公共决策的决策核心,执政党对公共政策的影响是带有决定性的;但从形式上看,由于政府是法定的行政主体,一旦公共决策出现失误,最终承担责任的往往是在法律范围内居于主要责任地位的政府主体。执政党和政府之间的权力与责任的双向传导,使党政关系呈现出了决策权力与执行责任的分离,进而形塑了决策权力"党实政名"与执行责任"党名政实"的分野,并最终导致了决策机制和问责机制在正式与非正式层面

---

① 谷志军、陈科霖:《当代中国决策问责的内在逻辑及优化策略》,《政治学研究》2017年第3期。

的差异。这种差异与分野，使执政党与政府在治理逻辑层面相互交织，催生出了一系列可供选择的治理策略，而备选策略的多重性使决策委托人在国家治理中处于主动应变地位，从而在无形中降低了国家治理的难度。

第二，在组织层面，存在如"一套班子，多块牌子"、合署办公与领导小组式的组织性统合逻辑。在公权力部门的机构设置中，在若干职能相同、相近或具有关联性的部门间，常常呈现"一套班子，两块牌子"甚至是"多块牌子"的现象。一是党政合一的情形，如国务院新闻办公室与中共中央对外宣传办公室，前者是隶属国务院序列的机构，而后者则是隶属中共中央序列的机构。二是不同场合下适用不同牌子的情形，如国家国防科技工业局加挂国家航天局与国家原子能机构，后两者为前者在外事活动中的名义。三是政府代行非政府组织事务的情形，如国家体育总局加挂中华全国体育总会与中国奥委会的牌子，前者是政府机关，而后两者都属于民间团体；再如国家烟草专卖局加挂中国烟草总公司牌子，前者是政府机关，而后者则是经济实体。所谓"合署办公"，即两个具有不同编制、职责的党政机构由于工作对象、工作性质相近或其他原因而在同一地点办公，两个机构的人员、资源可在上级统一指挥调度下视工作需要而灵活运用的体制，例如纪委与监委合署办公，以及中共中央台湾工作办公室和国务院台湾事务办公室的合署办公等。领导小组的产生源于新中国成立初期，随着1949年后官僚体系的不断完善，党对各项工作的领导日益繁杂，为了解决部门林立所带来的协调困难，归口管理的治理模式便应运而生。归口管理中的"口"，即中国共产党领导下的一些具有类似或相关职能的党政部门共同构成的组织系统或职能领域。通过将这些党政部门进行归口，设立各"口"的领导小组，进而通过小组加强对专项工作的管理，便构成了领导小组的运作方式。在中央层面，领导小组一般可以分为八大门类，即组织人事类、宣传文教类、政治法律类、财政经济类、外事统战类、党建党务类，① 以及党的十八大以来地位日益凸显的深化改革类及军队建设类。相较于前两种形式，领导小组的运行更为灵活，作为常规治理机制的补充，领导小组的设立、撤销、运行、协调对象等都不确定，随领导小组的设立机关需要而定，而且领导小组在绝大多数情况下是不占编制、不增人员的"架子机构"，这使领导小组具备了"四两拨千斤"的能力。在实践中，上述三种组织形式也存在名与实的交织分离，以最为典型的领导小组为例，作为"架子机构"的领导小组在政策制定中起到了重要的核心作用，无疑成为决策过程中的"实"，但领导小组并不参与具体政策执行过程；而领导小组所协调的若干实体机构则恰好相反，虽然在决策过程中处于被动地位，但在具体政策执行过程中扮演了"实"的角色。与此同时，无论是上述三种形式中的任何一种，多重身份的并存使身份的拥有者在政策过程的任一环节游刃有余，从而破除了单一身份所带来的制度性或非制度性的约束。

第三，在执行层面，存在"政治逻辑—经济逻辑—法治逻辑"相互交织的执行性统合逻辑。地方政府在政策执行过程中，由于面临着"多重目标与行为选择"的现实矛盾，地方政府的行为逻辑倾向于多元化，并呈现出"政治逻辑>经济逻辑>法治逻辑"的三重治理逻辑——"政治任务优先做、经济考核重点做、依法行政尽量做"。② 对于上级下达的政治任务，地方官员需要倾注最大量的精力予以完成；对于经济考核的常规目标，由于考核结果与晋升相挂钩，地方官员也会高度重视；而对于与晋升关联度不大的依法行政工作，在与前两者目标相冲突之时，则往往成为被突破的对象。与此同时，三种逻辑之间内含着一定的转化

① 周望：《"领导小组"如何领导？——对"中央领导小组"的一项整体性分析》，《理论与改革》2015 年第 1 期。
② 陈国权、陈晓伟：《法治悖论：地方政府三重治理逻辑下的困境》，《社会科学战线》2019 年第 9 期。

机制。以环保工作为例，在常规性治理过程中，环保既非政治任务，也不为绩效考核所重视，因而当环保压力与经济增长压力相遇之时，违反环保法律法规的污染式生产便得以大行其道；党的十八大以来，随着人民群众对环保议题的高度重视，党和政府将环保工作提升到"政治高度"。随后环境保护部印发了《环境保护部约谈暂行办法》，并建立健全了环保督察制度，以中央环保督察组的名义代表党中央、国务院对各省级党政及有关部门开展督察工作，在省级相关实施方案中，陆续出现了干部考核环境保护"一票否决制"的规定。由此可见，基于"民众不满"引发的"领导重视"，可以直接推动决策委托人对政策议题优先级的转换，进而影响执行代理人的行为逻辑。执行代理人在执行过程中的逻辑策略性转换，亦为其减轻执行过程中所面临的多方压力提供了腾挪空间。

综合上述三个方面的现象，不难寻找其中内在的共性因素——二元（乃至多元）体制（或场景）下多重身份的变换所呈现出的多重行为逻辑。因而在这个意义上，我们将这组现象背后的行为逻辑概括为"统合式治理"。所谓"统合式治理"，即公权力组织通过谋求拥有多重身份，进而获得多重身份背后所蕴含的多重权能，基于对"身份—权能—责任"链的重组（"统合"过程），实现权力最大化与责任最小化，从而扩大行为策略的备择空间，进而降低体系风险的治理过程。对于"统合式治理"这一治理机制而言，存在形式之"名"与实质之"实"的有机统一：在"名"的方面，"统合式治理"以多重身份的自由变换为载体，而其"实"则在于通过多重身份的自由转换实现多重身份背后权力的整合，进而为自身突破公权力行使的基本原则提供便利，从而实现行使权力的最大化与承担责任的最小化——最终使公权力"遁入私法"，并实现"邀功"与"避责"的巧妙结合，以最小的权力制约监督代价换取最大的治理绩效潜能。"统合式治理"与常规治理机制的差异如图 2-1 所示。

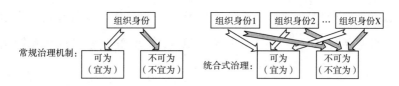

图 2-1 "统合式治理"与常规治理机制的差异

三 "统合式治理"的运作逻辑

"统合式治理"的核心是单一公权力主体在应对复杂行政任务过程中多重身份的灵活变通机制。对这一治理模式的运作机制的分析,首先应当从公权力的运行逻辑加以展开,随后分析其运行机制,并考察这一机制所带来的后果。

(一) 公权与私权:统合式治理如何异化权力运行逻辑

权力(power)与权利(right)作为社会科学的一对重要概念,有着截然不同的两种逻辑。根据洛克、孟德斯鸠等的政府理论,公权力具有天然恶的倾向,因此对公权力框定一个确定的边界是十分必要的。而公权力来自人民的让渡,因此在"天赋人权"的前提下,民众除了已让渡的部分,其他权利均应自然享有。在这样的权力逻辑之下,不难看出,代表公权力的政府,其公权力的行使应当限于人民让渡的有限范围内,因此其权力逻辑呈现为"法无授权即禁止"——相反,人民的权力是天然获得的,其权利的逻辑则必然呈现为"法无禁止即自由"。但公权力的"遁入私法"现象,乃至"统合式治理"在形式上就体现为混淆了公权力与私权利的规制原则。

借鉴集合论的术语有助于深入理解两种规制原则的差异。由于权力和权利都无法进行穷举式的呈现,所以可以将二者都看作一个不确定边界(或具有无限可能性)的概念集合。虽然穷举式地框定权力或权利的边界存在一定的困难，但选定一个有限范围的子集（即划定一个边界）是立法者可以操作的选项。那么，对于一个无限全集 S 而言，一个边界确定的有限子集 A 与一个边界模糊的无限补集 $C_S A$ 之间的取舍则至关重要。

"法无授权即禁止"表明，在公权力可能行使的所有可能性（全集 S）而言，"法有授权"作为一个确定的边界，规定了公权力可以行使的边界（子集 P），而公权力不能行使的空间（"法无授权"）因无法穷举，而具备其补集 $C_S P$ 的性质（无法穷举性或不易描述性）。因此，在"法无授权即禁止"的表述下，公权力的可为空间是严重受限的，其行为逻辑体现为受控性或保留性（公权 P 逻辑）；与之相反，私权利的制约规则是"法无禁止即可为"，这一逻辑的展开形式是："法有禁止"作为确定的一方，规定了私权利不可行使的边界（子集 R），而私权利可以行使的空间（"法无禁止"）则具备补集 $C_S R$ 的性质，故而在"法无禁止即可为"之下，私权利的不可为空间是受限的，因此其行为逻辑体现为自由性（私权 R 逻辑）。从公权力与私权利的对比分析可以看出，权力制约机制设计中对公权力的制约的一面，遵循着保留性的基本原则，公权力的可为空间严格限制在制度设计所规定的可为空间范围内，相反对于私权利的制约而言，则遵循着自由性的基本原则，即私权利的可为空间仅被排除在特定限制的范围之外。

对于公权力的"遁入私法"而言，公权力的行使实现了由公权 P 逻辑向私权 R 逻辑的转换——对于本应由保留性手段制约的权力空间，通过某种手段实现了制约手段的自由性。因此，从这个意义上说，"统合式治理"通过使公权力"遁入私法"的方式逃避了对其的制约监督，而这一机制正源于统合式治理内在的权力责任的整合重组逻辑。

（二）整合与重组：统合式治理如何使权力"遁入私法"

在常规治理机制中，组织因其所拥有的身份担负着相应的职权与责任，组织行为也存在可为与不可为的边界（例如政府的行为逻辑受制于法律的授权，故有"法无授权即禁止"的基本要求）。而"统合式治理"则突破了常规治理机制的约束，实现了公权力在部分事务上的"遁入私法"。图 2-2 清晰地呈现出了"统合式治理"使公权力"遁入私法"的机制。

结合图 2-2 加以说明，假设组织拥有 A 与 B 两种组织身份，其中组织身份 A 存在法有授权的可为空间以及相应的法无授权的不可为空间；组织身份 B 同样存在法有授权的可为空间以及相应的法无授权的不可为空间，当组织将 A 与 B 二重身份统合后，则形成了四个权力行使的空间，下文逐一进行具体分析。

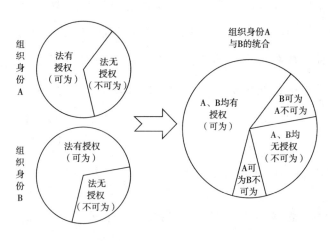

图 2-2 "统合式治理"使公权力"遁入私法"的机制

一是位于左上角的部分，此部分的实践含义表示组织身份 A 与组织身份 B 均可自由行使权力的空间，而且它们的范围均不大于组织身份 A 或组织身份 B 各自的可为空间，因而对于采取统合式治理机制的组织，在这一空间行使权力拥有充分的法律或制度依据，仍处于法有授权的权力可为状态。

二是位于右下角的部分。此部分的实践含义表示组织身份 A 与组织身份 B 均不得行使权力的空间，而且它们的范围均不大于组织身份 A

或组织身份 B 各自的不可为空间，因而对于采取统合式治理机制的组织，在这一空间则禁止行使其权力，因其各种身份均未赋予其相应的法律依据，组织仍处于"法无授权即禁止"式的权力不可为状态。

而另外两个权力行使空间则具有特殊的含义。它们分别意味着组织身份 A 可为而组织身份 B 不可为，或组织身份 B 可为而组织身份 A 不可为的空间，简而言之，这两种空间意味着多重"身份—权能"组合产生冲突的空间。从政策含义上加以解释，这意味着组织的多重身份在权力运行中发生了冲突。以"管委会—公司"式的政企统合模式为例，代表公权力身份的"管委会"身份具有部分行政授权，但其不具备经营职能；相反，代表企业身份的"公司"身份则不具有行政授权，但具备参与市场的经营职能。因此，这部分行政授权以及经营职能则分别对应了两种"身份冲突"空间。在现实中，以开发区管委会为代表的地方政府融资平台在事实上利用公司牌子绕开《预算法》的监管，即实现了公权力的"遁入私法"——因此，"统合式治理"机制"遁入私法"的机制在于，公权力利用其他身份行使其公权力自身不可为的权能，从而实现了公权力在事实上行使的扩张。

（三）邀功与避责：统合式治理如何降低风险并提升绩效

统合式治理所面临的直接目标是提升组织行为的"自由度"，即组织天然的扩展权力冲动使组织能够在多重身份之间"游刃有余"。而进一步地，组织行为"自由度"的提升，其旨在实现的终极目标是什么？结合统合式治理的特性，统合式治理在公权力行使空间自由度提升的同时，其担负责任的空间也随之降低，这意味着在更多的情形下，组织可以利用其多重身份化解其组织行为所带来的责任，因而不难看出，统合式治理的核心目的在于降低治理体系的风险并提升其治理绩效。

仍借助于图 2-2 加以说明，对于两个"身份—权能"组合产生冲突的空间而言,"统合式治理"提供了一种消解权力制约的运行机制:对于组织身份 A 可为而组织身份 B 不可为的情形,组织可以利用 A 身份完成 B 身份所不能完成的任务,而对于 B 身份可能由此承担的责任,则由 A 身份予以应对,从而使本应承担的责任最终消弭;类似地,对于组织身份 B 可为而组织身份 A 不可为的空间的情形,组织也可以利用 B 身份完成 A 身份所不能完成的任务,同样可以通过 B 身份消弭 A 身份所可能承担的责任。

不难看出,统合式治理在身份统合重构的过程中带来了责任空间的降低。对于国家治理的统治主体(公权力主体)而言,承担治理责任意味着治理风险的上升。正如曹正汉在"中央治官,地方治民"假说中以"分散烧锅炉"为例所揭示的那样,中央政府承担过重的责任会导致其治理压力的"过载"(即锅炉"烧爆了"),因而必须采取一定的机制使地方官僚承担治理过程中所产生的责任。而统合式治理正是一种降低治理风险的策略,它从组织层面提供了降低责任的机制,即组织通过在其拥有的多重身份间自由转换,在行使权能过程中选择其权能最大化(或最为便利)的身份以便于开展工作或获取组织利益,而选择其无须承担责任(或承担责任最小化)的身份以应对可能的责任或处置组织损失,进而最终达成降低组织行为外在风险的机制。相较于常规科层治理机制,统合式治理为组织行为提供了更大的行为空间,并使之有可能"不负责任"或"少负责任",从而同时获得对地方事务更大的自由裁量权与剩余索取权。

四 "统合式治理"的组织逻辑

进一步深入考察统合式治理的内在逻辑,有三对基本矛盾——"名与实""弹性与刚性""清晰与模糊"——在组织层面发挥了重要的作用。从这三对矛盾出发，可以进一步挖掘出统合式治理在组织层面的运作逻辑。

（一）名与实：多重身份自由转换带来的行为空间

周雪光在提出"名与实"的这一对概念时，用以指代"象征性权力"与"实际权力"之间的关系。[①] 将周雪光的这一组概念从宏观层面缩小至中观乃至微观层面，即不难理解统合式治理中的"名与实"的关系——利用 B 身份完成 A 身份所不能完成的事项，而不需要 A 身份直接承担责任——那么 A 相对于 B 则是"名责任"（"实身份"），而 B 则是运作过程中的"实责任"（"名身份"）；而行为最终达成所赖以承载的正当性，则源于作为"名"的 A 身份，但由于 B 身份实际完成任务并与相对人产生互动关系，因而 A 并不需要承担实际责任，它所需要承担的仅是正当性层面的"虚责"，而运作过程中的合法律性之"实责"要由 B 予以承担。以强拆工作为例，政府部门相对于党组织是"实责任"，而加挂拆迁指挥部的拆迁公司又相对于政府部门是"实责任"，因而在强拆类冲突中，冲突的第一线往往是处于代理人一端承担"实责任"的拆迁公司与相对人之间的法律关系；而相比之下，拆迁指挥部退居于幕后以"实身份"的地位间接指挥作为"名身份"的拆迁公司开展工作。在强拆过程中发生突发事件后，作为"实责任"的拆迁公司往往作为被告承担相关法律责任，故而对于处在"名责任"地位的政府部门乃至党组织往往在实践中无法复议，甚至无从起诉，最终降低了自身直面风险的可能。因此，委托人"名责任、实身份"与代理人"名身份、实责任"的错位关系，进一步赋予了委托人以更大的决策转换空间，从而有利于进一步推动责任的下移。

①　周雪光：《从"黄宗羲定律"到帝国的逻辑：中国国家治理逻辑的历史线索》，《开放时代》2014 年第 4 期。

　　执行代理人之所以需要"名与实"二重身份的统合，根源在于三元互动结构中的主体间关系：在"委托—代理"关系中，委托人基于其身份地位，往往具有"争功诿过"的倾向，即"功成皆因在我""有错下面背锅"的并存。因而执行代理人在处理与民众的关系中，民众在对待决策委托人与执行代理人之间的态度上就存在区别——对待遥不可及的前者，民众以"正当性"相待（"名"），而对待与自身直接打交道的后者，民众则以"合法性"相待（"实"）。在这样的权力结构之下，民众的判断自然会倾向于与决策委托人一致，即功成皆因在"我"（决策委托人），而一旦执行代理人在工作中出现了过错，一方面需要承受来自决策委托人的"甩锅"行为（即避责）；另一方面出于民众的合法律性判断，执行代理人作为第一责任人，其过错是显而易见的，在双重因素的共同作用下，执行代理人所面临的压力是显而易见的。那么在这种情况下，只有通过使自身成为"名"层面的"二级决策委托人"，进而寻找更下级的"二级执行代理人"，就可以使自身进一步渡过难关。而随着重重"委托—代理"关系的下移，最终的"N级执行代理人"毫无疑问将成为压力最大的行为主体，这样"统合式治理"通过将压力下移的方式，至少为处于"委托—代理"链中的"上线"提供了一定的行为自由空间，使其有精力进一步应对来自民众的治理压力。

　　（二）弹性与刚性：制度不变性与现实流变性的多样手段

　　在法理学中，法的不变性与流变性之间的矛盾是一个永恒的命题。美国法学家富勒（Lon L. Fuller）在《法律的道德性》一书中对法律内在道德提出了八项要求，其中指出要保持"法律在时间之流中的连续性"，也即指出了法律在实践中保持稳定的重要性。[①] 但法律的绝对稳

---

　　① 引自孙笑侠、麻鸣《法律与道德：分离后的结合——重温哈特与富勒的论战对我国法治的启示》，《浙江大学学报》（人文社会科学版）2007 年第 1 期。

定性仍存在实践中的问题，正如"法律从制定那天起就落后了"这句法谚所指出的，经济社会文化的发展变化不以人的意志为转移，而相对刚性的法律并不能够很好地应对这种发展所带来的变化，因而法律需要在流变与不变之中找到平衡点。制度亦是同理，对于执行代理人而言，它所面临的刚性法律制度约束与大转型时期同样快速发展变化的经济社会基础相互碰撞交织，形塑了执行代理人既充满矛盾又充满机遇的治理格局。近年来流行的"中国优势"论，其尤为重要的一个方面即在于中国政府（特别是地方政府）所拥有的在制度刚性与实践弹性之间"保持平衡"的能力。而这种能力，在组织层面即体现为"统合式治理"所带来的行为空间。

统合式治理所赋予组织的多重身份，使组织在行为手段上拥有了多样化的选择空间，对于常规性的治理议题，基于组织正式身份的官僚体制运作（"刚性"）为处理常规议题提供了常规化的解决手段；而对于非常规性的新兴议题，统合式治理为组织提供了探索创新的容错空间（"弹性"），无论是在改革中出现的"新兴事物"先行先试还是组织主动谋求基于试点探索的变革，统合式治理所带来的刚性和弹性空间的转换，都使组织拥有了多样化的应对之策，从而降低了常规官僚体制所面临的风险。

（三）清晰与模糊：空洞性目标与具体性目标的取舍策略

黄仁宇在《万历十五年》一书中提出了"数目字管理"的思想，其思想的核心即通过清晰的现代化国家治理，国家才能够得以成功崛起。[①] 但"清晰"这个概念并非绝对，虽然权威治理存在诸多的优势，但由于权威治理自身固有的三个问题，即信息不对称、治理成本不能完全内部化、"委托—代理"中的道德风险，权威治理存在体系性的效率

①　黄仁宇：《万历十五年》，三联书店，2006，第313页。

损失。而"模糊性治理"则为提升治理效率提供了可行的路径。孙志建阐释了"模糊性治理"这一概念在法学、管理学与政治学层面的系谱呈现，以"选择性执法"（政策逻辑）、"脱耦现象"（组织逻辑）以及"模糊性措辞"（政治逻辑）等为代表的现象充分体现出，政府治理在"清晰"之外，仍需要考虑平衡性、包容性、自反性与适应性的逻辑，而这些逻辑则构成了模糊性治理的逻辑基础。① 韩志明基于博弈论的视角，指出政策过程按照央地间的治理策略不同，可以分为理想类型、地方中心、中央驱动、象征性政策四种类型。② 借鉴这一分析框架，对于"理想类型"与"地方中心"的目标而言，执行代理人所面临的是具体性目标，而对于具体性目标，往往其考核也是明晰化且具有实际影响的，因而执行代理人倾向于动用其统合式治理中的积极因素予以充分发挥并完成，也就产生了所谓的"邀功"现象；而对于如"中央驱动"或"象征性政策"等空洞性目标，它或是与决策委托人的考核无关，或执行这一目标的努力程度与考核绩效之间没有显著关联，因而执行代理人会倾向于动用其统合式治理中的消极因素予以尽力敷衍并选择性执行，也就产生了所谓的"避责"现象。因而，统合式治理在一定程度上决定了执行代理人行为的最终走向。

五　"统合式治理"的法治化转型

"统合式治理"源于中国国家治理的权力集中体制，而权力集中体制有效运行的前提是经济环境的财力集中和高速增长。③ 结合前文的分

---

① 孙志建：《"模糊性治理"的理论系谱及其诠释：一种崭新的公共管理叙事》，《甘肃行政学院学报》2012 年第 3 期。

② 韩志明：《政策过程的模糊性及其策略模式——理解国家治理的复杂性》，《学海》2017年第 6 期。

③ 参见房宁《中国制度的优势与短板——兼谈权力集中体制的功能两面性》，观察者网，https：//www.guancha.cn/FangNing/2020_07_10_557039.shtml。

析可以看出，"统合式治理"的本质是公权力以"遁入私法"的方式规避了"法无授权即禁止"式的制约逻辑，从而导致了其权力边界的扩张与权力失范风险的提升。但与此同时我们需要关注到，改革开放以来"中国奇迹"现象的背后，正是靠着一系列"不破不立"式的突破既有规章制度乃至法律的改革创新行为加以实现的。地方政府改革创新与依法行政之间的张力在"统合式治理"的模式下也体现得淋漓尽致：作为后发国家，中国的发展始终面临着"后发赶超"的压力，"中华民族伟大复兴"的中国梦成了中国"发展型国家"逻辑的现实注脚。事实上，在发展型政府的权力运行中就存在横向问责机制的不健全以及纵向问责机制的局限性问题。① 以"绩效合法性"作为逻辑基础的"统合式治理"，其权力制约也将走向以绩效为导向的权力制约模式。② 因而，在现实中出现的权力制约模式往往具有事后评判的特征，这生动地体现在"不管白猫黑猫，捉到老鼠就是好猫"的评价机制中：对于突破公权力边界探索实施的成功案例，上级公权力组织不但加以容忍、默许，甚至在事后会以职务晋升、政策推广等方式加以肯定；但对于失败的案例，上级公权力组织往往会施以严厉的处罚。从这个意义上说，"统合式治理"模式的权力制约是不充分的，但将"统合式治理"置于后发国家赶超的历史发展阶段，则不难理解这一模式的阶段性意义。与此同时，这种模式并非我国所独有，张力在对苏俄的历史加以考察后亦指出，公权力"遁入私法"与经济社会的赶超发展模式密切相关。③ 因此，理解"统合式治理"需将其置于发展型政府的历史脉络中加以考察，从而能够科学地认识这一治理机制的历史意义——在特定的发展时期，"集中力量办大事"有助于为国家的长期发展奠定必要的基础。

但与此同时，"集中力量办大事"并不意味着能够"集中力量办好

---

① 郁建兴、高翔：《地方发展型政府的行为逻辑及制度基础》，《中国社会科学》2012年第5期。

② 何显明：《绩效合法性的困境及其超越》，《浙江社会科学》2004年第5期。

③ 张力：《国家所有权遁入私法：路径与实质》，《法学研究》2016年第4期。

事"。为了实现政府的善治,必要的权力制约仍是基本要素。正如不能因目的的善而肯定过程的恶一般,权力制约的核心意义在于为公权力提供一个既能实现其设立目的,又能够不致使其失控的"权力舞台"。党的十八大以来,以习近平同志为核心的党中央始终强调对公权力的制约监督,对公职人员也提出了"忠诚干净担当"的要求。超越"统合式治理"模式下的权力制约监督困境,在既有制度安排之下,仍需要通过法治化的方式加以约束。法治内在的稳定性为对权力采取保留性制约原则提供了基础保障,而法律的外延则可通过原则性规定、软法以及程序层面的及时修法,乃至执政党的党内法规机制建设,赋予地方政府以必要的权能,使之能够在国家法律与党内法规的框架下开展改革创新与实践探索。通过"给分权划底线,为创新设边界"[①],激励地方官员破解"为官不为"困境,真正实现"敢于担当"。通过科学合理的容错免责机制,进一步激励地方官员的施政积极性,从而推动非正式机制的"统合式治理"真正转型成为依托正式机制与非成文规则并存的新治理模式,推动国家治理体系与治理能力的现代化。

第二节 开发区治理中的"政企统合"模式研究

一 研究背景与问题提出

随着经济体制改革的推进,政府"经济调节、市场监管、社会管理、公共服务"的行政职能正在发挥着越来越重要的作用。从大的方面看,中央向地方放权已经成为 40 多年来央地关系变化的基础。而与

---

① 蓝志勇:《给分权划底线,为创新设边界——地方政府创新的法律环境探讨》,《浙江大学学报》(人文社会科学版) 2007 年第 6 期。

此同时，央地关系的"一统体制"所内生的中央管理单一化与地区差异性的矛盾冲突也引发了央地关系的不协调与不适应。[①] 基于单一制国家、党的领导、集权体制等多种因素的作用，央地之间的权力分配关系渐趋失衡，并逐步形成了央地之间的紧张关系。与此同时，在央地之间的博弈过程中，往往呈现中央政府处于相对优势一方（即主动方），而地方政府则处于相对劣势一方（即被动方）的特点，由此形塑了我国当代纵向府际关系的基本特征。

开发区一般是指一个国家或地区，为吸引外部生产要素、促进自身经济发展，划出一定范围并在其中实施特殊政策和管理手段的特定区域。[②] 从定义中不难看出，开发区最突出的特点在于其管理的特殊性与权限的扩张性。进而，由于开发区在财权、人权、事权等多方面与一般地方政府有着较大的不同，研究开发区治理中的地方政府管理便有一定的理论与实践意义。

基于央地之间的这样一种紧张关系与博弈格局，地方区域发展面临的突出问题在于地方政府权力的不足以及其进而导致的地方政府绩效未被充分激发。而这一绩效不足与地方政府推动区域发展的高期望之间的矛盾则催生了地方政府通过扩权以及参与要素市场这两种方式来试图实现高绩效的策略。本节试图通过在回顾相关研究的基础之上，以 H 市经济技术开发区为案例，探索开发区地方政府在治理与创新方面的特点，并将其概括为"政企统合"模式。以此为基础，进一步分析开发区地方政府与一般地方政府在权力范围上的差异所导致的在绩效方面的差异，从而考察"政企统合"模式的高绩效原因以及该模式的内在逻辑。

① 喻匀、陈国权：《一统体制、权力制约与政府创新——访浙江大学中国地方政府创新研究中心主任陈国权教授》，《新视野》2011 年第 5 期。
② 安静赜、梁鲜桃、张学刚、布和朝鲁、李丽：《开发区、工业园区建设与我区经济发展》，《理论研究》2004 年第 12 期。

二 相关研究回顾

(一) 政企关系理论研究述评

所谓"政企关系",顾名思义就是政府与企业之间的关系,它包括了政府与公有制企业之间的关系和政府与非公有制企业之间的关系。然而,在中国的话语背景中,政企关系一般专指政府与国有企业之间的关系。[①]

政企关系的相关研究具有以下特征:第一,传统的政企关系理论多关注政府与国有企业的关系;[②] 第二,政企关系理论多关注如何在现代市场经济体制下理顺政府与企业之间的关系,并使之适应于现在的情势与发展;[③] 第三,政企关系研究的焦点多集中于政企分开。[④] 同时,相关研究还有一些关注于中国政企关系的变革与国际比较,[⑤] 以求为未来的政企关系改革寻求理论支撑。

回到本节所研究的"政企统合"模式问题,它的出现与传统的政企关系理论进路存在很大程度上的不同:第一,"政企统合"中的"企"是

---

① 罗国亮:《30 年来我国政企关系的演化》,《中国国情国力》2008 年第 10 期。

② 王珺:《政企关系演变的实证逻辑——我国政企分开的三阶段假说》,《经济研究》1999 年第 11 期;潘石、莫衍:《政企关系问题的本质:政府参与二重性的外化》,《长白学刊》2005 年第 1 期。

③ 周菲:《政企关系:一个世界性课题》,《中国行政管理》1998 年第 1 期;欧阳君山:《三只手下的政企关系》,《法人杂志》2006 年第 12 期;王红茹、马力宏、吴蔚荣、高小平、胡仙芝:《如何建立新型的"政企关系"》,《中国经济周刊》2006 年第 22 期;余航:《中国市场改革深化中的政企关系问题研究》,硕士学位论文,武汉理工大学,2006。

④ 欧黎明:《地方政府在政企关系中的角色定位》,《云南行政学院学报》2000 年第 3 期;浦再明:《政企关系引论——政企分离及其深层问题研究》,《战略与管理》2001 年第 5 期;张莹、刘美平:《政企关系走势的深层反思和重新定位》,《哈尔滨学院学报》(社会科学)2001 年第 6 期;郭瑜:《市场经济条件下的政企关系探讨》,《云南行政学院学报》2012 年第 6 期。

⑤ 罗国亮:《30 年来我国政企关系的演化》,《中国国情国力》2008 年第 10 期;徐长玉:《传统体制下的政企关系及其演进》,《延安大学学报》(社会科学版)1997 年第 3 期;朱鸿伟:《政企关系的国际比较及启示》,《南方经济》2003 年第 1 期;冯华、任少飞:《有效政府与有效市场:改革历程中的政企关系回顾与前瞻》,《山东社会科学》2007 年第 7 期。

指"政府型企业",而不是传统意义上的国有企业或非国有企业。所谓"政府型企业",即这种企业的形式往往体现出国有企业或全民所有制企业的形式,但与此同时,"政府型企业"还直接或间接(通常表现为间接形式)掌握一系列公共权力,所以其又存在一定的公共性,故而称其为"政府型企业"。具体说来,"政府型企业"又可以分为两种形式,一种是通过机构改革的形式而产生的大型国有企业,它们通过控制国家"经济命脉",进而参与重大事项决策的方式来实现公共性的一面;而另一种比较特殊的情况即为本节所述及的"政企统合"模式,在该模式下,政府型企业的产生源于政府的直接设立,它不像第一类政府型企业具有深厚的历史渊源,而是基于政府对权力集中与扩张的需要,从而以企业的形式来实现政府权力的扩展。第二,在"政企统合"模式之下,一方面从形式上,政府与企业之间仍然需要依照现代企业制度与政企关系的一般法则来处理;而另一方面在实质上,政府型企业作为政府的"扩展"形式或"附庸"形式存在,它势必受到政府的强力干预,从而形成了一种区别于传统政企关系的特殊的"政企关系"。根据上述定义,"政企统合"式企业包括但不限于地方政府融资平台、开发区开发公司、风景名胜区开发管理公司等不同形式的治理结构。

(二) 开发区管理模式研究述评

在现有的针对开发区管理模式的相关研究中,根据政府对开发区的干预程度,将开发区划分为若干种管理模式,其主要观点如下。

第一种划分方法,它将管理模式划分为:①行政主导型(又分为管委会协调型和管委会主治型);②企业治理型(又分为国企型、外商型和联合型);③政企合作型(又分为政企合一型和政企分开型);④委托管理型;⑤"协治"型。[①]

---

① 糜晶:《开发区的政企关系研究》,硕士学位论文,苏州大学,2010。

第二种划分方法,它将管理模式划分为:①管委会制(体现为开发区与行政区管理合一的准政府形式);②行政管理与公司化运作并存制(包括两种,一是随着开发区开发过程的深化逐步演变为政府和开发公司并存的"双轨"管理体制,二是政企分离的开发区管理体制);③公司制。[①]

第三种划分方法,它将管理模式划分为:①政府主导型(分为纵向协调型和集中管理型);②企业主导型;③政企混合型(分为政企合一型和政企分离型)。[②]

第四种划分方法,它将管理模式划分为:①准政府的管委会模式;②政区型管理模式;③企业型管理模式。[③]

将上述诸种划分方式概括起来,可以借鉴物理学中的光谱(spectrum)理论,以政府对开发区的干预程度(或政企关系的紧密程度)为划分维度,将已有的诸多观点整理(见图2-3)。

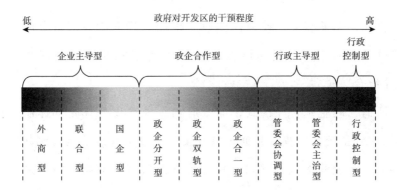

图2-3 开发区管理模式的类光谱示意

---

① 孙卓然、李正图:《开发区开发模式研究》,《上海经济研究》2011年第5期。
② 雷霞:《我国开发区管理体制问题研究》,博士学位论文,山东大学,2009。
③ 赵海娟:《我国开发区行政管理体制创新研究——以烟台经济技术开发区为例》,硕士学位论文,西北大学,2011。

（三）核心概念："政企统合"模式

在图 2-3 中，笔者将现有的开发区管理模式形象地归纳为一个类光谱的示意图。不难看出，随着体制选择在光谱位置上的移动，相应的管理模式以及其对应的政企关系、治理绩效，区域发展的活力与动力机制都会有相应的变化。在类光谱示意图中，左右两极分别代表了政府对开发区干预程度的两种极限状态，即企业主导型体制之下政府干预程度最低，它有利于发挥市场的作用；而行政控制型体制之下政府干预程度最高，它有利于突出政府的作用。

虽然政府和市场（企业）在开发区治理当中都可以发挥相应的作用，但是我们同样可以看到：政府与市场之间存在的内生矛盾，以及政府与市场单独作用机制的不足使政府与市场之间形成了一种张力。而解决这种张力的途径则在于：首先，如何平衡政府与企业之间的矛盾；其次，如何最大限度地发挥政府与企业的作用。

为此，在考察了"政企合作型"机制的优点之后，结合现有开发区管理模式的实际，我们可以提出一个新型的开发区管理模式，即"政企统合"模式。

所谓"政企统合"模式，即政府与企业高度一体化的体制。具体来说，"政企统合"模式是通过将开发区行政形式的部门（例如开发区管委会）与企业形式的部门（例如开发总公司）有机统一起来，通过这样一种特殊的体制来充分发挥政府与企业两大主体在制度创新、区域发展等诸方面的作用，从而提高行政绩效与区域绩效的模式。

需要说明的是，"政企统合"模式并非市场经济向计划经济的倒退，相反地，它是地方政府为了适应当下市场经济竞争环境、为了提高自身绩效和竞争力而进行的"自我调适"。"政企统合"模式关注了政企之间存在的紧张关系以及政府在调适过程中的理性选择，它与计划经济时期的"政企不分"有着很大不同，虽然二者存在一定的相似点，但它们之间最大的区别在于：政企不分是政府直接介入微观经济活动，参与企业管理，而政企统合则是政府为了汲取社会资源、发展区域经济以及获取政治资本的需要从而产生的政府与企业高度一体化的体制，但其本质仍然是政府，只不过表面上利用了某些企业逻辑的"外壳"。在"政企不分"之下，国有企业既参与要素市场的竞争同时也插手产品市场的竞争；相反，在"政企统合"模式之下，国有企业仅作为要素市场的供给者，而不再参与产品市场的竞争，这是二者之间最明显的区别。另外，"政企统合"模式作为一种创新形式，也反映出了经济体制改革远远领先于政治体制改革的现实，以及地方政府与此同时产生的一种对现实的策略性的回应。

此外，需要解释的是"政企统合"模式与开发区管理模式类光谱示意图之间的位置关系。应当说，从横向的政企紧张关系维度来看，"政企统合"模式应当主要落在政企合作型这一区间，但如果我们转换观察的视角，即从政府介入产品与要素两大市场的维度来观察，可以发现"政企统合"模式突破了传统的企业主导型、政企合作型、行政主导型的边界。"政企统合"模式是建立在"政"对"企"的有限分权基础之上的，故而这也是"政企统合"模式区别于传统的政企合作型模式的重要特点。因此，"政企统合"模式存在"名与实"的分野，即一方面在形式上呈现了"政企合作型"的特征；但另一方面，在具体事权的管理上，政府在人、财、事三个维度上又发挥了显著的"行政控制型"特征。

因此，下文针对"政企统合"模式的分析将围绕三个关键词——扩权、逻辑杂糅和要素垄断进行。所谓"扩权"，是指开发区通过自主探索的方式，在一定程度上突破传统的该级政府所拥有的权限，进而实现在权力扩展情形下的决策自主化、集权化和便利化；所谓"逻辑杂糅",是指开发区通过"政企统合"的方式实现对政府逻辑与企业逻辑的双拥有,从而突破了传统的政府逻辑,扩展了其权力范围,也增大了自身运转的能动性;所谓"要素垄断",是指开发区通过垄断要素市场供应的方式来实现其绩效提升的目的,通过对资金、土地、审批等重要权限的垄断,使区域发展可以按照既定的轨道快速前进。

三 "政企统合"背景下开发区地方政府的优势与管理特点

开发区地方政府相比于其他形式的地方政府,其突出的优势便在于中央政府(上级政府)对开发区的放权。可以说,改革开放以来,开发区既作为中央试行新政策,又作为地方政府创新并将其上升为国家政策的"试验田"是符合我国社会发展要求的。

简单地说,可以将开发区的权力扩张分为两类:一类是"授权",另一类是"扩权"。所谓"授权",即中央政府(上级政府)将其固有的职权授予开发区地方政府,从而使开发区地方政府拥有了其他地方政府所没有的"中央权力(上级权力)",例如行政审批权的下放;所谓"扩权",即中央政府(上级政府)给予开发区地方政府以探索创新的空间,开发区地方政府可以通过探索、创新的方式获取尚未明确化的"额外权力",最为突出的是开发区拥有的"先行先试"的权力,开发区可以自行探索改革,并形成一系列独特的管理权力。

因此,基于组织管理最基本的三大要素——人权、财权、事权的划分,开发区"政企统合"模式的权力同样呈现了在上述三个维度加以扩张的现象,而这种权力的扩张,其直接的结果就是地方政府治理的自主化、集权化和便利化,进而为地方政府在开发区领域内实现高绩效奠定了基础。

（一）经济管理自主权的扩张

讨论有关开发区管理自主权问题之前，我们可以先回顾有关"撤县设区"问题的讨论，我们可以看到，撤县设区对被调整的地方政府来说，最大的影响在于其自主权的丧失。特别是出于纵向管理的需要，重要的权限例如财政权、行政审批权、经济社会管理权等都会"上缴"到市级政府，从而使区级政府完全听命于市级政府的领导与管理，进而使其失去了自主决策、自主发展的资本与机会。基于对本研究案例所在开发区部分领导干部的访谈，可以将市辖区与县（市）之间的差异形象地概括为既"无位"，还"无为",① 同时又"无纬"，以及"无威"。所谓"无位"，即区级政府话语权的丧失，而代之以市级政府"直管"下的缺乏独立性的"执行"实体，而非"决策"实体；所谓"无为"，即区级政府重要管理权的丧失，由于行政管理权、行政审批权等重要权力的上移，区级政府在日常管理中缺乏了决策的空间；所谓"无纬"，即县级政府作为一级政府具有相对完整、服从管理的组成部门，但改变为区级政府以后，业务上受到组成部门的垂直上级部门影响更为严重，从而失去了区级政府在自己的"体系"内实施纵向管理的自主性；所谓"无威"，即区级政府的影响力将随着其权力的缩小而降低，从而进一步制约了当地的自主发展进程。

对于开发区而言，它通过"政企统合"的模式，一方面在已有的上级政府对其的放权基础上（主要是指财政权限的提升），使政府拥有了更大的财权（即"授权"）；另一方面，政府还通过设立开发总公司

---

① 王永明：《地级市辖区行政职能和管理体制探析——以温州市龙湾区为例》，硕士学位论文，复旦大学，2008。

（融资平台公司）的形式获得了大量的只有企业才拥有的权限①，从而使政府的权力得到进一步的扩展（即"扩权"）。

1. 财政与融资

在财权方面，开发区在财政权限上拥有较大的自主权。基于"放权"的背景不难看出，开发区往往在财政管理上拥有较高一级政府的管理权限。在这里出现的情况一般是，开发区的财政权限并不局限于区级，而更多的是享有市级财政权限。在此之中最为突出的例子就是舟山群岛新区。根据《浙江舟山群岛新区发展规划》，舟山群岛新区拥有正省级经济社会管理权限，这相比于舟山本身作为地级市的级别高出了两级②。

财政权是政府及其财政部门履行立法机关通过宪法、法律赋予并为司法机制保障的财政收支管理职责所必不可少的国家行政性财政管理权责体系。③ 毋庸讳言，财政权是现代政府管理中最为重要也是覆盖面最广的政府权限之一。而政府财政权的基本表现形式，除了财政政策制定、征收税费等以外，最为基本的表现形式是财政收入权和财政支出权。

从上级政府对开发区政府的放权来看，开发区政府普遍享有较高一级政府的财政权限，开发区在财政收支、预算编制等诸多重要的财权领域享有高度的自主权。这就带来了开发区自身的"小集团"化管理。

---

① 《中华人民共和国预算法》第35条规定："地方各级预算按照量入为出、收支平衡的原则编制，除本法另有规定外，不列赤字。"开发总公司的设立，则使地方政府可以利用企业法人的形式从银行获得贷款，进而实现融资功能。

② 在我国的副省级城市中，市"四套班子"（党委、人大、政府、政协）的首长的级别是副省级，即他们以其本职即可获得副省级的行政级别；但与此同时，在很多省份的"重要城市"，其行政首长的级别同样是副省级，但他们的级别并不是依靠本职而获得的，通常是以"高配"的身份获得更高的行政级别。例如浙江舟山、温州这样的城市，市委书记往往由副省长或省委常委兼任，从而使其获得了副省级的地位。但就城市而言，它仍然是地级市，这一"荣耀"往往仅是针对领导个人或城市地位的，而非这个城市权限上的扩张。因此，舟山市委书记虽为副省级，但舟山群岛新区实质权力的增加则是两级"跳跃"（正厅级→正省级）。

③ 全承相、李玮：《政府财政权及其控制》，《求索》2009年第4期。

开发区的财政运作形式与市辖区的财政运作形式相比，前者可以概括为"自收自支"，后者可以概括为"统收统支"。这里的"自收自支"，即开发区通过自身拥有的完整独立的财政税收权，可以自行完成征税征费计划，自行编制预算方案，并自我管理决算实施；相反，"统收统支"则是市辖区的财政税收均需要在一定程度上上缴上级政府，而自身的剩余收入无法满足自身支出的需要，因此市辖区的财政支出要受到上级政府返还资金的制约，从而自主性远低于开发区。

在融资方面，开发区设立融资平台公司，这些融资平台公司的形式往往体现为"城市建设投资公司""资产经营公司""开发总公司"等。从法律上讲，地方政府没有自主融资的权限，但是，分税制改革所导致的地方财政紧张、地方政府财权与事权的不匹配以及政绩导向的官员选拔机制三大因素的存在催生了地方政府大举借债的趋势，从而进一步催生了地方政府融资平台公司的建立。

融资平台公司作为企业性质的法人形式，它享有作为企业法人同等的权利，包括融资、上市、资产经营等诸多政府无法享有的权利。所谓"融资"，即资金融通，简单地说，包括"借"与"贷"两个层面，但通常表现为"借入"，即融资平台公司通过从银行获得贷款来满足其区域开发、资产管理等需要。

而开发区政府正是利用了对融资平台公司的控制，进而实现了其融资的"合法化"，为地方发展获得资金支持，并且将执行权划归开发总公司，而将关键的决策权收归己有，从而形成了"开发区政府—开发总公司"的二元"决策—执行"体制。

2. 决策自主化

从以上的分析可以看出，开发区政府在对上与对下两个方向上均实现了权力的集中：首先，开发区利用自身的特殊地位优势，获取了更大的税收、财政管理等重要财权，从而实现了上级权力的"下移"；其次，开发区利用设立开发总公司等融资平台公司的形式，获取了本属于企业的融资、上市、资产经营等重要财权，从而实现了外部权力的"内移"。在这一"下"—"内"的权力转移过程中，开发区政府实现了财权的高度集中，从而为更大程度的自主决策奠定了基础。

开发区财权的扩张，将会带来其决策的自主化。

首先，财权扩张带来的决策事项范围的扩大。这主要指上级政府对开发区政府的放权。根据宪法、法律和行政法规对各级政府的授权，地方政府的权限在建立之初即已确定。但随着上级政府对其进一步放权，开发区政府拥有了更大的财政税收权限，而这一权限的扩张将使开发区政府财政独立性上升，进而对于区内的各项支出拥有更为独立的自主决定权。

其次，财权扩张带来开发区政治地位的提升。随着财权的扩张，开发区的政治地位也将得到相应的提升。这一方面表现为开发区领导人级别与待遇的提升，另一方面开发区自身的地位也将比未扩权的地区有明显的提高。财权的相对自主是区域自主性的重要体现，开发区在对外交往、经济合作过程中也将享有更大的空间，从而为区域发展提供良好的助力。

最后，融资渠道的扩展使开发区拥有"做大事"的能力。总体上说，地方政府的能力是与其财政水平相适应的。一般情况下，地方政府的财政实力决定了它在基础设施建设、招商引资等重要经济活动中的能力与潜力。当地方政府拥有更广泛的融资渠道时，这一能力与潜力将得到广泛的拓展。通常，地方政府利用融资平台公司将能够获得相较于正常收入数倍的资金来源。而随着资金面的扩大，地方政府利用经济活动中的规模优势，将能够更大限度地发挥资金的作用，并形成区域经济发展的良性循环。同时，开发区可以利用税收优惠政策，进一步吸引企业进驻，从而获取一定程度上的竞争优势。

（二）人事管理自主权的扩张

1. 任免与交流

在人事任免方面，开发区党工委是开发区范围内的最高权力组织。既有研究表明，基层干部的仕途轨迹中，政—党螺旋晋升模式非常明显，即官员的晋升往往遵循"政府—党委—政府—党委……"的路径，而这一模式主要根源于党政分立的制度设计。① 基于这一基本规律，我们不难看出，在开发区同样存在类似的情形：首先，开发区的直属企业（即开发总公司等）与党政系统一样，都是具有行政级别的，其领导人也同样具有行政级别，但领导人的身份可以在政府公务员与事业单位人员，抑或是企业人员之间自由转换。其次，开发区党政系统与开发总公司之间同样存在干部交流情形，只不过这一情形比冯军旗在《中县干部》中所涉及的更为复杂。我们可以将其概括为三大主流方式：第一，二线型。通常是年龄较大的一线干部，由于即将达到退休年龄，从而被组织上安排到开发总公司工作。第二，晋升型。通常是较为年轻的干部，由于其晋升速度超过平均水平，所以先将其级别提升，但安排到二线部门工作，以备需要时做进一步提拔。第三，历练型。通常是后备晋升干部，为了晋升的需要，将其以轮岗的形式加以历练。

基于这样的任免与交流体制，我们不难看出，在这一体制下的开发区人事管理具有以下特点。

第一，人事任免权完全决定于开发区党工委。由于党委在权力体系中居于核心地位，同时又出于管理便利的需要，往往开发区党工委与开发区管委会形成了"一套班子，两块牌子"的特殊体制。这一特殊体制决定了党委的领导权。直属机构、附属企业（例如开发总公司）在组织层面均要接受开发区党工委的直接领导，进而，开发区党工委就掌控了

① 冯军旗：《中县干部》，博士学位论文，北京大学，2010。

开发区内几乎所有党政领导的人事任免权。而人事任免权背后体现出的是人事与机构之间的上下级关系。因此，虽然开发区管委会与开发总公司并不存在形式上的上下级关系，但通过党组织这一"桥梁"，开发总公司便顺利归于管委会"名下"，从而成为直接隶属管委会领导的企业机构。

第二，党、政、企之间的干部交流日渐频繁。鉴于开发区党工委拥有的人事任免权，结合干部的"螺旋晋升"现象，我们可以看出，在"政企统合"模式之下，不仅存在管理层面的统合，同时也存在人事任免上的统合。出于晋升阶梯的需要，干部交流作为一种"升迁"的形式已越来越重要，轮岗作为组织对干部的信任，使干部在获得很小升迁的过程中依然能够拥有很大的满足感，这也进一步体现出了干部交流制度的优势。因此，干部交流既是对干部进行培养与升迁的工具，同时也是加强对体制内事业部门控制的途径。

第三，开发区党工委对开发总公司党委的组织领导必将扩展到行政领导。理论上，组织领导与行政领导之间是有差别的，所谓"组织领导"，即存在于党组织上下级之间的领导与被领导的关系。这要求作为下级部门的党组织应当服从上级党组织的领导。而所谓"行政领导"，则是宪法、法律、行政法规所明确规定的具有业务领导关系的上下级机构之间的领导与被领导的关系。理论上，开发总公司作为企业法人，仅仅在相关的工商、税务等业务相关领域受到政府相关机构的对口管理。但开发区党工委对开发总公司的领导则与此不同，它利用党组织上的领导关系来实现对企业的直接领导，即企业的重大决策均交由企业党委决定，而企业党委则由于组织上的关系接受开发区党工委的领导，进而开发区党工委通过组织领导的方式实现了对企业具体业务的直接领导权。

2. 决策集权化

通过上文的分析不难看出，开发区的人事管理具有高度集权化的特征，同时，开发区依然是在综合利用各种渠道的基础上获得了更加集中的人事管理权。而对人事管理权的控制将直接导致开发区决策的集权化,从而在集权的基础上有利于组织行政效率的提升。这主要体现在如下两个方面。

首先,人事任免权是高度服从与顺利执行的保障。应当说,人事任免权是实现上级对下级领导的重要决定因素。在具有上下级领导与任免关系的组织(或个人)与组织(或个人)之间,维系领导力存在的主要因素是上级对下级的任免权。由于下级组织或个人在体系内地位的维持完全取决于上级组织或个人对其的认知与态度,当下级组织或个人在执行过程中不能满足上级的要求时,上级便有可能动用人事任免权来剥夺下级在组织中的地位。同时,基于"理性人"假说,下级组织(或个人)会在权衡利弊的基础上做出其认为是理性的决策。因此出于这一考虑,下级组织(或个人)同样也会选择认真服从与执行上级的命令及其交办的任务。从而,人事任免权的存在决定了下级对上级的高度服从以及下级对上级所交办任务的顺利执行。

其次,决策的高度集中化有利于在快速变化的环境中捕捉到机会。高度集中的决策模式可以将组织的决策权集中到主要领导手中。而相比于经典的民主化决策模式,集权化决策模式并不是没有优点的,我们可以结合表2-1比较集权化决策模式与民主化决策模式的利弊。

表2-1 集权化决策模式与民主化决策模式的利弊比较

比较项目	集权化决策模式	民主化决策模式	孰优孰劣
决策效率	高	低	集权化>民主化
决策风险	高	低	民主化>集权化
权变能力	高(或低)	低	附条件比较
下级积极性	低	高	民主化>集权化
信息交流	低	高	民主化>集权化
决策质量	高(或低)	较高	附条件比较
长期效益	高(或低)	一般	附条件比较

在决策效率方面的比较上，集权化决策模式明显优于民主化决策模式；但在决策风险、下级积极性和信息交流方面的比较上，民主化决策模式则优于集权化决策模式。这里有三个维度需要作进一步的说明：第一，在权变能力维度上，有两种观点，一种认为集权化决策模式下由于组织权力过于集中，从而降低了组织的权变性；而另一种观点则认为集权化决策模式下由于组织的决策权集中，管理者在感知到外部环境变化的情况下能及时作出调整，从而在高决策效率下提升其权变能力。第二，在决策质量维度上，同样有两种观点，一种认为集权化会导致信息不充分，从而降低决策质量；而另一种观点则认为集权化会导致专业分工的产生，组织决策更加集中到专业人士手中，从而保障了决策的高质量。第三，在长期效益维度上，两种观点的分歧主要在于集权化决策模式不能避免领导人意志对决策结果的重大影响。

但从总体上看，当决策方向把握正确时，组织的集权化决策将会获得更大的管理绩效，从而实现开发区的良性快速发展。从近40年的实践中也不难看出，我国开发区的快速发展与此有着密不可分的联系。因此，开发区的发展正是充分利用了集权化决策的优势，从而将其转化为管理绩效的过程。

（三）区域管理自主权的扩张

1. 审批与事务

在事权维度，权力的集中主要体现在行政审批与社会事务的管理两个方面。结合开发区的具体特征，此处主要论及两个方面：一个是行政审批，另一个是社会事务。正是这两项权力的集中，带来了区域管理自主权的提升。

从本质上看，行政审批权是一种"行政许可"。行政许可是指行政机关根据公民、法人或者其他组织的申请，经依法审查，准予其从事特定活动的行为。① 由此，在行政审批权的拥有者与行政审批的行政相对人之间就构成了一个权力的隶属关系。行政审批这种行政行为具有几十种具体的形式，但可以将其简单地概括为五类，即普通许可、特许、认可、核准及登记。由于行政审批往往涉及相对人的资格、资质、权限、能力等问题，行政审批对于相对人来说，具有非常重要的意义。例如，如果一项工程未能得到政府部门的审批，那么这项工程很可能将被认定为违规，并将被强制拆除，对投资者造成重大的损失；公民如果在某些国家管制的领域内做出违法或违规的行为，同样也会被认定为无效，并被追究相应责任。

对于开发区的管理来说，涉及的最为重要的几项审批权包括土地管理、项目规划，以及企业设立。第一，土地管理。土地管理是行政审批制度中的重要组成部分，与土地相关的各项审批权也是地方政府的重要权力之一。开发区招商引资的目的是使外来投资者能够在本地投资，兴办企业或工厂，从而创造产值，推动区域经济与社会的发展。而兴办企业或工厂的最为基础的条件即为土地。而在我国现行的土地制度下，对土地的管理与审批是极其严格的。而与土地相关的审批权的下放，将会使开发区的管理自主权得到较大提升，使开发区拥有更大的招商引资自主选择权。第二，项目规划。规划权是区域治理权限的重要部分。自主规划有利于发挥地方政府的能动性，同时地方政府对本地区的情况更加了解，可以更加清晰地发现本地区在发展过程中的问题，并能够更加准确地找到加快本地区发展所需要的产业经济类型。因此自主规划可以使地方政府的招商引资政策更具有针对性，相反，上级决策往往会掺杂上级的考虑，从而使招商引资的针对性有所下降。第三，企业设立。企业设立的审批权随着企业规模、冠名等诸多因素而划分为不同的等级。而企业设立审批权规范了某一级政府可以自主决策引进企业的规模大小。

---

① 《中华人民共和国行政许可法》第二条。

企业设立审批权的下放使开发区在设立企业时有更大的自主权，也有了建设更大规模项目的可能。而大规模的项目往往具有一定的集中优势，一方面有利于发挥规模效应，另一方面大项目的产业集群将有利于形成区域的产业中心，从而进一步推动产业经济中心的形成，构造区域增长极。

2. 决策便利化

根据上文的分析，不难看出，开发区区域管理权的扩张使开发区在重要决策时更加便利化。

首先，审批权的下移带来区域发展与规划的自主性。由于开发区往往享有更高一级的行政审批权，这就带来了开发区在决策上的便利化。在未扩权的地区，重要项目的审批权往往都在较高层级的政府或其组成部门中，这就带来了决策的低效率。相反，开发区行政审批权的集中将使决策效率得到很大改观，一方面减少了部门间协调、沟通与重复论证等方面的成本损失，另一方面也使决策把握良好时机，从而在现实最需要的时候及时出台政策，从而为区域发展赢得必要的"先机"。

其次，部分复杂社会事务归于开发总公司，使开发区摆脱了责任问题的羁绊。开发总公司（或其他的同样形式的开发公司）往往承担了开发区初期主要的建设任务，而在此期间，土地征收征用、政府与企业之间的协调都将是一个巨大的任务量。第一，有限的政府机构和人员规模无法满足大量的事务需要，同时政府如果陷入这样的细枝末节的事务将会严重影响政府决策的效率;① 第二，公司化形式的实体在具体事务的操作上具有一定的优势。事实上，开发总公司在"政企统合"模式下代替政府履行了向开发区重要商业项目注资的重要功能。通过注资成

---

① 正如前文所讨论的，决策集权化带来了决策与执行相分离的机制，开发区管委会将最为核心的决策权收归己有，而开发总公司则担任了"执行"的角色。一方面，管委会可以从复杂的行政事务中抽出身来，加强部门的专业化，开发总公司专司执行，这样就提升了行政效率;另一方面，决策者全神贯注于宏观决策与建设规划等层面，可以使决策的前瞻性、科学性得到增强。

立合资公司的形式，一方面，实现了开发区对大型企业的控制权；另一方面，开发区不介入公司的日常管理活动，避免了政府干预企业微观管理的问题。但具体的企业管理决策、相互协调仍由开发总公司最终负责。这样开发区对企业的经营状况可以不负直接责任，从而进一步减轻了开发区所面临的管理负担。①

四 案例研究：以 H 市经济技术开发区为例②

（一）开发区与开发总公司的权力与体制变迁

1. 开发区管理职权的扩展

截至 2013 年，H 市经济技术开发区经历了四个发展阶段，与此同时开发区也经历了四次管理职权的扩展，而每一次权力扩展均来源于上级政府对开发区的授权行为。现分述如下。

（1）初创时期：1991 年第一次授权。1990～1994 年，是 H 市经济技术开发区的初创时期。这一时期的管理职权系由 Z 省政府明确和赋予。

1991 年 7 月 19 日，Z 省政府办公厅发布了关于 H 市 QT 投资区机构设置、职权范围和若干政策措施的通知。其中明确了对 H 市 QT 外商台商投资区（开发区前身）的行政授权，共有 9 项。同时在行政审批权方面，该通知也授予了两项权力。

（2）"撤部设局"时期：1994 年第二次授权。1994～1999 年，是 H 市经济技术开发区的"撤部设局"时期。在这一时期，H 市机构编制

① 例如，开发总公司的企业法人可以成为民事诉讼的主体，而不必将某些问题上升到行政诉讼的地步，从而在民事责任关系下，一些问题非常容易得到解决，而行政法律责任则较为复杂，受到的法律规则限制也更多。因此相比之下，利用企业法人形式在操作层面更加容易。

② 本案例相关资料、数据由笔者自 H 市经济开发区年鉴获得。

委员会批准开发区撤销原管委会内设部（室），建立若干行使政府管理职权的局级机构。这一时期的管理职权由 H 市经济技术开发区条例规定。

1994 年 4 月 28 日，Z 省第八届人大常委会第十次会议通过了 H 市经济技术开发区条例，条例规定 H 市经济技术开发区管委会代表 H 市人民政府对开发区的工作实施统一领导和管理；开发区管委会可根据工作需要，设立若干职能机构，具体负责开发区的行政管理工作。开发区内的金融、保险、外汇管理、海关、进出口商品检验等业务工作，由有关部门或其设在开发区内的分支机构、派出机构办理。

H 市经济技术开发区条例规定了开发区管委会依法行使的 12 项职权。在行政体制改革方面，该条例规定，H 市经济技术开发区管委会代表 H 市人民政府对开发区的工作实行统一领导和管理，管委会机构设置实施"撤部设局"新的体制运作。

（3）"区域扩容"时期：2000 年第三次授权。1999~2003 年，是 H 市经济技术开发区的"区域扩容"时期。这一时期，J 区 XS 镇成建制委托开发区管理，并先后成立了 Z 省 H 市出口加工区、H 市 XS 高教园区等一系列机构。在这一时期，开发区不但在管辖区域上扩容，同时在权力上也得到了上级政府的进一步授权。

2000 年 4 月 10 日，H 市委办公厅、市政府办公厅印发《关于中共 H 市经济技术开发区（Z 省 H 市出口加工区）工作委员会、H 市经济技术开发区（Z 省 H 市出口加工区）管理委员会职能配置、内设机构和人员编制方案的通知》（以下简称《关于开发区党政编制方案的通知》）。这一通知在两方面对开发区做了进一步的授权：首先，针对开发党工委、管委会的职权授权共有 17 项。其次，由于开发区代管 J 区 XS 镇地区，《关于开发区党政编制方案的通知》还规定了开发区党工委、管委会在委托管理 XS 镇区域内依法行使的 9 项职责。

（4）"建区造城"时期：2007年第四次授权。2003年以后是 H 市经济技术开发区的"建区造城"时期。2003年5月，H 市提出开发区应当由"建区"向"造城"转变。随着开发区管理区域的扩大，开发区的权力得到更进一步的扩展，并逐步形成了开发区范围内的市级审批权。① 2007年11月22日，H 市政府发文赋予开发区管委会15类市级行政审批权。

2007年8月，H 市委、市政府下发《关于加快 H 市经济技术开发区 JD 区块开发建设的若干意见》，进一步赋予开发区管委会对 JD 区块40平方公里实施开发建设、经济运行的统一领导、统一建设和统一管理的职能，并由开发区 JD 开发建设办公室负责 JD 区块开发建设的具体工作；② 同时还就土地利用总体规划方面做出了开发区与 XS 区相互协调的决定。

（5）小结。在考察 H 市经济技术开发区管理职权的扩展之前，首先应当明确两个概念，即"授权"和"委托"。在民商法领域，"授权"和"委托"往往是不加区分的；而在行政法领域，"授权"和"委托"是被严格区分的。所谓"行政授权"（Delegation of Power，或 Empower），在我国语境下具体指：行政主体（授权人）在法律、法规许可条件下，通过法定的程序和形式，将自己行政职权的全部或部分转让给有关组织（被授权人），后者据此以自己的名义行使该职权，并承受该职权行为

---

① 2007年8月15日，H 市委、市政府印发《H 市经济技术开发区"主攻 JD，决战 JB"三年行动计划》，进一步明确了开发区管委会作为 H 市政府的派出机构，代表 H 市政府对开发区实施统一领导、统一规划、统一管理的职能。

② JD 区块涉及的经济管理、基本建设、城市管理、国土资源、工商管理、质量监督、环境保护等方面的一般管理职能，由 XS 区有关行政管理部门委托 H 市经济技术开发区管委会行使。涉及行政许可权、行政处罚权的，由 XS 区有关行政管理部门依法委托 H 市经济技术开发区管委会行使；无法委托的，采取"见章盖章"的办法解决。JD 区块涉及的民政、教育、文化体育、人口计生、公共卫生、食品药品安全监管、劳动保障、公安（含消防、交警）、水利、农业等方面的管理职能，由 XS 区按属地管理方式负责管理。涉及城市规划、国税、地税、安全生产等方面的管理职能，由 H 市有关行政管理部门的派出机构依法行使。

效果的法律制度。而所谓"行政委托",是指出于管理上的需要,某一行政主体(委托人)委托另一行政主体或其他组织及个人(被委托人)以委托人的名义代行职权或其他事务,其行为效果归属于委托人的法律制度。

根据上述定义,我们可以将行政授权与行政委托做一比较(见表 2-2)。

表 2-2　行政授权与行政委托的比较

比较项目	行政授权	行政委托
主动方主体	授权主体:行政主体	委托方:行政主体
被动方主体	被授权主体:下属组织	被委托方:被委托的组织与个人
行为目的	解决是否有权行为问题	解决是否亲自行为问题
行为客体	行政职权(归属权)	行政职权(实施权)
关系及行为性质	纵向关系;内部行政行为;强制性	横向关系;行政合同行为;非强制性
行为形式	决定、通告等	协议形式
行为效果	创设行政主体	创设行为主体
行政诉讼中的地位	被授权方作被告	委托方作被告

资料来源:胡建森《行政法学》(第三版),法律出版社,2010,第 139 页。

以此为基础,我们可以进一步概括出 H 市经济技术开发区管理职权扩展的全貌。

第一,1994 年相对于 1991 年的权力扩展:一是对开发区项目的管理权由"审核"变为"审批"。① 二是开发区拥有了制定组织实施行政管理规定的权力。三是土地权限扩展,主要有规划、征用、开发、管理、出让、转让等。四是城建权限扩展,主要有规划、建设、房地产、环保、文物管理等。五是财政权限扩展,由单纯的收支管理权限扩展为较为完整的财政权限。开发区获得了财税、审计、国资、物价、统计、

---

① 行政审核是行政机关对相对人行为的合法性、真实性进行审查与认可,它只对既存事实状态做出确认并使其得到法律上的认可;而行政审批兼具对内审批行为与对外审批行为,它需要审批机关在主观方面做出判断并审查。

劳动人事、工商管理等经济管理维度的权限。六是公益事业管理的权限得到了进一步明确。七是涉外事务管理、内部机构管理权限由委托转变为授权。八是开发区管委会代表 H 市政府对开发区的工作实行统一领导、统一管理。

第二,2000 年相对于 1994 年的权力扩展:一是开发区党工委、管委会代表 H 市委在开发区实施党的领导和监督;二是土地权限扩展,增加了土地划拨权,并可以核发国有土地使用证,进行地政地籍管理;三是规划、项目审核、城建、环保、房地产管理方面,增加了诸多发证权力;四是授予开发区审核出国(境)和对外邀请事项的权力;五是招商引资方面的审批权得到扩展,增加了发放外商投资企业批准证书的权力;六是新增加城市管理、民政管理职权;七是在代表 H 市委、市政府对开发区工作实施统一领导、统一管理的基础上,增加了"统一规划";八是开发区代管 XS 镇区域,获得了基本相对应的各项行政管理权限。

第三,2007 年相对于 2000 年的权力扩展:这次扩展使开发区管委会拥有了 H 市区级行政管理的权限,并在管理体制、人事管理、投资管理、土地管理、建设项目管理、环评审批、生育审批、卫生审批监管、户口管理、保险管理、劳动力管理、质监管理、社会组织登记以及残疾人管理方面基本拥有了市级管理权限。随着开发区进一步代管了 JD 区块,与代管 XS 镇的第四次授权相类似,获得了与开发区基本相对应的各项行政管理权限。

由此可见,开发区权力扩张的过程呈现了三个较为明显的特点:第一,每次扩权都是综合性的。观察这三次扩权,无论是其中的任何一次,都可以很明显地看出,历次扩权都涉及行政审批、内部管理、城建管理等多个维度。因此开发区的扩权是一个均衡推进、各方面都保持匀速增长的过程。第二,逐步放权,与开发区的发展水平同步。由于开发区建立的历史尚不长,开发区的各项探索都具有一定的"先行先试"

特征，在放权过程中也体现了这样的特点，即上级政府对开发区的放权与开发区自身的发展大体同步，既有一定的超前性，使开发区能够有一定的探索空间，同时也使开发区在权力的逐步完善中摸索出一套适合自身管理的权力体系。第三，先委托后授权，确保改革的渐进性。如前所述，在行政法学语境下，"委托"与"授权"是两个不同的概念，由于授权的力度更大，部分重要权力采取先委托后授权的策略，使开发区逐步适应权力的扩展，并在探索中完善权力的行使。

2. 开发总公司管理体制的变迁

（1）从"北方总公司"到"开发区资产经营集团有限公司"。H市经济技术开发区资产经营集团有限公司（以下简称"开发集团公司"）的前身是H市经济技术开发区北方总公司，直属于H市经济技术开发区管委会，是国有独资的集团公司。公司初始注册资金200万元，至2007年末累计增资至10亿元，2010年末，开发集团公司拥有注册资本22亿元，下属8家全资企业、10家控股企业和17家参股企业，是开发区管委会最大的直属企业。

开发集团公司的发展主要经历了以下四个阶段。①公司前身的成立。1990年8月，H市QT外商台商投资区建立初期，基于有效推动基础设施建设和实施投资区滚动开发需要，管委会动议筹办一个政府属有的经济实体，承担区域建设及相关配套工作职能。当年9月，H市机构编制委员会批复建立H市QT外商台商投资区JB经济发展总公司。②组建北方总公司。1991年5月，管委会进一步提出组建"H市QT外商台商投资区建设总公司"的请示。当年7月，H市政府正式批复建立H市QT外商台商投资区北方总公司，属全民所有制事业单位，核定事业编制人员40名，实行企业化管理，独立核算，自负盈亏。8月，北方总公司正式挂牌运营。③北方总公司更名。1993年7月，H市经济技术开发区管委会发文批复，H市QT外商台商投资区北方总公司更名为H市经济技术开发区北方总公司。经营范围包括房地产开发经营，市政基础设施开发，道路、安装、装修工程总承包，兴建并经营为建区配套的服务型企业，重要生产资料及产品经营，为国内外投资者提供咨询服务及受理委托代办其他业务。④转企改制：开发集团公司的建立。2007 年 7 月，H 市政府印发《H 市人民政府关于 H 市经济技术开发区北方总公司转企改制方案的批复》，原则同意北方总公司"事转企"改制为公司制的国有独资资产经营有限责任公司，8 月 20 日更名为 H 市经济技术开发区资产经营集团有限公司，在 H 市经济技术开发区工商分局正式注册成立。经营范围为资产经营与管理，对外实业投资，投资咨询（除证券、期货、商品中介），全储（除化学危险品），自有房屋租赁，物业管理等。

（2）管理形式：从"政企合一"向"政企分开"转变。简单地概括，开发集团公司的组织管理与领导经历了三个阶段：第一阶段（1991 年 8 月~1997 年 3 月），开发总公司主要领导由开发区管委会领导兼任，管委会与总公司实行"两块牌子，一套班子"的管理体制；第二阶段（1997 年 3 月~2007 年 8 月），实行政企分开，开发总公司相对独立运行；第三阶段（2007 年 8 月至今），开发集团公司实行公司制管理，并设立了董事会与监事会。

从总体上看，开发集团公司的发展是朝着政企分开的路径推进的。在开发集团公司发展的第一阶段，"政企合一"是开发总公司非常明显的特征之一，开发总公司与管委会形成了"两块牌子，一套班子"的"政企合一式体制"。而在开发集团公司发展的第二阶段，开发总公司开始相对独立运行，政企关系开始有所松动。在第三阶段，开发总公司实现转企改制，成为相对独立的公司法人，并实现自负盈亏。因此，从形式上，开发集团公司确实在不断从"政企合一"向"政企分开"转变。

同时，将开发集团公司的人事安排与开发区主要领导的任职相比较也能看出，开发集团公司的发展是逐步实现政企分开的过程。在转企改制之前，确实存在普遍的领导干部政企"双肩挑"现象。而在转企改制以后，该现象便逐步消失。随着政府对开发总公司人事干预的降低，开发总公司在企业化道路上继续前行一步，并建立了现代企业制度。开发总公司在形式上已经完全符合了现代市场经济制度下对一个企业法人的要求。

（二）"政企统合"模式在 H 市经济技术开发区的体现

根据上一节的分析，虽然开发总公司在管理形式上逐步实现了由"政企合一"向"政企分开"的转变，但是如果深入考察这个案例，我们仍然可以看到，H 市经济技术开发区与开发总公司的关系并不仅仅是"政企合一"与"政企分开"可以描述的，它在某些程度上反映出了"政企统合"的特点，结合前文划分的维度，现分述如下。

1. 经济管理自主权的统合

在经济管理自主权方面，着重讨论财政、融资与招商引资三大问题，其中财政权是授权维度，融资权、招商引资是扩权维度。

在财政权方面，在开发区的发展过程中，开发区的财政权实现了由单一的财政收支管理权向复合型财政权的转变，涉及领域包括预算制定与执行、税务管理、国有资产管理、审计工作、物价管理、统计工作、劳动人事管理、工商行政管理等。同时，在发展过程中，开发区同样享有大量的财政优惠政策，这对于开发区的发展有着重要的促进作用。[①]在行政事业财务管理、财政预算管理、预算外资金管理、国有资产管理、会计管理等方面，开发区也拥有各项优惠政策[②]，从而保障了开发

---

① 1995 年 12 月，H 市政府根据财政部《关于武汉等十个经济技术开发区新增财政收入全部留用的通知》精神，同意开发区建立分税制财政体制，1995 年至 1998 年内的新增财政收入全部留用，实行税收返还。

② 行政事业财务管理于 2001 年 12 月起放权到开发区；财政预算管理于 1997 年、2001 年、2004 年、2005 年分四次逐步放权给开发区；预算外资金管理于 1996 年、1997 年、1998 年、2001 年分四次逐步放权给开发区；国有资产管理于 2002 年放权到开发区；会计管理于 2004 年放权到开发区。

区在财政管理上的一体性,做到了一般性事务在区内即可解决。

在融资权方面,开发区通过设立开发总公司的形式来进行融资筹资活动。由于开发区的开发建设基金均需要通过自筹的方式解决,1997年3月,开发区管委会成立了5人融资小组,负责财政融资工作。至年末,融资小组解散,融资工作作为日常工作改由经济发展局承担。2002年2月,财政融资职能再次调整,转由财政局承担。在这里需要特别说明的是,开发总公司的融资平台职能始终得到开发区官方的确认。例如在《H市经济技术开发区志(2011)》中记载,"开发初期主要以原北方总公司为平台向各金融机构贷款来筹集开发建设资金,贷款由借款银行发至北方总公司账户后再上划至开发区财政局账户,由财政局统一安排和使用资金"。这就很明确地表明了开发总公司的性质。从实质上讲,它就是开发区的融资工具。进一步来说,由于开发总公司的所有融资均需通过上划到开发区财政局的形式才能投入使用,这可以从一个侧面反映出开发总公司在财务管理上没有自主性,它的"现代企业制度"仍然是不完善的,这也就进一步验证了开发区与开发总公司的"决策—执行"二元体制特点。

在招商引资方面,开发区形成了"1+6+1"招商体制[①],在该体制下,开发总公司作为招商体制中的一个招商主体形式存在,从而开发总公司便参与到开发区的招商引资活动中。同时可以明确看到的是,开发总公司在招商活动中的地位是受开发区招商局领导的。因此,开发区的招商职能便在一定程度上转嫁到开发总公司之上。另外,2010年9月12日,H市经济技术开发区管委会出台了《2010年开发区招商引资目标责任制考核办法》,该办法设置了完成任务奖、超额完成任务奖、大项目奖励与信息奖励等诸多奖项。在该文件中明确规定了所有招商部门

---

① 所谓"1+6+1"招商体制,"1"即为开发区招商局;"6"为招商主体,分别是开发区招商中心、前进工业园区指挥部招商投资处、XS街道、BY街道、驻外招商办、开发集团公司;"1"为招商平台,即Singapore-H科技园。

均需适用，这就以制度化的形式确定了开发区政府对开发总公司招商职能的领导与管理。

2. 人事管理自主权的统合

在人事管理自主权方面，着重讨论人事任免与党管干部两大问题。其中人事任免是授权维度，党管干部是扩权维度。

在人事任免方面，开发区与开发总公司之间的人事领导关系由紧密逐渐转向松散，特别是在转企改制以后，政府部门负责人不再担任开发总公司领导，但与此同时，虽然形式上的人事任免权有所松动，但开发区仍然可以通过其他方式实现对开发总公司人事权的领导。另外，开发区由于仍然属于"党工委"建制而非"党委"建制，这就表明开发区党组织的性质是上级党组织的一级派出机构。无论对于党系统还是对于政府系统来说，派出机构与下级机构并非同等概念。通常一级组织的下级机构具有完整的建制，拥有较为全面而完整的职权，而派出机构则不然，它的职权完全受派出机关的限制，在派出机关领导下工作。因此，就开发区党工委、管委会的派出机关性质，它本身仅仅拥有组织开展管理的权限，而随着派出机关（上级组织）对它的进一步授权，开发区作为一级派出机关的形式逐步脱离虚化而变得越来越具有实体性质，这样在人事任免自主权方面，开发区的权力不断地扩张，从而实现了对区域内人事工作的全面领导。

在党管干部方面，由于现行的党管干部体制的存在，开发区可以不再借助直接任命或兼任开发总公司负责人的形式实现对开发总公司的领导，而代之以党的组织领导形式实现对开发总公司管理的间接领导。首先，开发区党工委作为开发区内最高级别的党组织，它对开发区的所有各级党组织与党员都具有领导地位；其次，通过在开发区设立党组织并建立党的领导，通过开发总公司党组织参与日常管理与决策活动，开发区可以通过党对重大事项的领导权实现对开发总公司职能的控制。

3. 区域管理自主权的统合

在区域管理自主权方面，着重讨论行政审批、土地开发与社会事务管理三大问题。其中行政审批是授权维度，土地开发与社会事务管理是扩权维度。

在行政审批方面，开发区在通过不断接受上级政府授权与委托的基础上，在规划、城建、企业设立等诸方面都实现了权限的扩展。在渐进式的权力扩展过程中，开发区实现了权力扩展的阶段化与滚动化。所谓阶段化，即开发区通过先委托后授权的模式，再通过对某一权力自身的内容进行扩展的方式，来实现渐进式的放权；所谓滚动化，即上级政府对开发区的授权通过单一领域向多领域、多层次发展，从而实现了放权过程的不断滚动过程，使开发区能够在一个渐进式的改革过程中逐步实现对区域管理自主权的深化，避免了较为激进式的授权所带来的权力风险。

在土地开发方面，H市政府分阶段多次向开发区授权，使开发区在土地管理权限上得到了一定的扩张。与此同时，比较有特色的是，开发区在土地开发模式上进行了一系列的探索与创新：第一，土地流转开发。2004年，国务院颁布了《关于深化改革严格土地管理的决定》，正式拉开了土地流转制度的序幕。而在此之前，H市经济技术开发区已经进行了相关的探索，开发区利用XS农垦场名义，通过收购流转集体土地使用权，利用大规模"农转非"的方式，将集体土地使用权流转为国有土地使用权，进而为大规模开发奠定了基础。第二，跨行政区开发。在这方面由于尚无政策与实践参考，开发区通过协商等方式，实现了与邻市的土地跨行政区开发，解决了一定程度上的建设用地问题。第三，合作开发，这主要是通过与Q监狱合作的形式，以资金补偿方式收回国有土地并进行开发。从以上三方面的探索可以看出，在缺乏既有政策和实践支持的情况下，开发区通过自主创新，扩展土地开发与流转模式，从而实现了区域土地资源的快速开发与整合，为大规模建设奠定了重要的基础。

在社会事务管理方面，开发总公司先后以全额投资、控股或参股的方式共成立企业 33 家。其中，截至 2007 年末，担负开发区各种配套服务保障的服务型企业 16 家；担负道路建设、房地产开发及基础设施建设的经营性企业 7 家；其余参股投资型企业 10 家。而到 2010 年，开发总公司下属 8 家全资企业、10 家控股企业和 17 家参股企业。开发集团公司在业务经营层面主要有三个方面的内容：第一，基础设施建设，从开发区启动建设到后续南部、东部、高教园区、出口加工区等区块的开发建设，公司先后承建了开发区内主要的道路、桥梁、河渠、泵站、配套公建等公共基础设施建设；第二，市政市容绿化管理与维护，公司承担管委会赋予的部分市政市容管理与维护职能，积极保障区域环境整洁、道路通畅、绿化优美，提供良好的投资环境和生活环境；第三，房地产开发等其他业务经营，公司配合开发区各阶段目标任务，致力于房地产开发、供热供气、运输仓储、保税报关、建筑工程等经营服务。从开发总公司设立的三类企业来看，开发总公司的职能是非常明确的，即担负起开发区各项建设任务、服务保障以及实现盈利以维持自身运转。

五 结论

（一）政府行政管理企业化：提高开发区政府绩效的正向作用

"政企统合"模式的突出特点便在于它的政府行政管理企业化。本节通过规范分析与实证研究对这一观点进行了论证，具体来说，政府行政管理企业化表现在三个方面：第一，决策与执行相分离的类似于发包—承包式的"决策—执行"二元体制；第二，"决策—执行"二元体制所带来的企业化管理风格大行其道；第三，政府干预开发总公司的重要决策，使政府的管理与决策过程中也充斥了大量的企业领域内容。

那么，这种政府行政管理企业化带来的是对开发区政府绩效的正向作用：第一，政企统合有利于开发总公司沿着开发区既定的最优化战略目标前进，减少了探索与协调的损耗；第二，缺乏竞争的要素供给市场使垄断利润最大化，并且政府可以将一部分利润分配给企业，进而增强本地区的竞争优势；第三，开发区与开发总公司二者职能的专门化带来了专业化管理下的绩效提升。这是与科学管理的理念相吻合的，即在专司一职前提下的两个小规模组织的效率一般会大于兼司二职前提下的一个大规模组织。

（二）公共服务供给市场化：适应市场竞争环境下的自我调适

"政企统合"模式还带来了公共服务供给市场化。具体来说，体现在以下三个方面：第一，开发区通过控制开发总公司的方式，实现对公共服务的规划与领导，但退出公共服务的具体供给职能；第二，开发总公司实现公共服务的提供职能，并相应地引入竞争机制；第三，政府垄断要素市场，而由市场机制来实现产品市场的竞争。

那么，这种公共服务供给市场化背后的动因则在于开发区为了适应市场竞争环境下的自我调适：第一，政府垄断要素市场，将要素市场的垄断利润转移到开发区建设以及鼓励投资上来，获得在要素市场供给上的竞争力；第二，公共服务供给市场化可以减少由政府配置不公而带来的效率损失；第三，由市场机制来扮演部分公共服务的供给角色，可以在市场经济体制下进一步调动市场的作用，从而增强本地区的竞争力。

（三）地方政府运行公司化：政府逻辑与市场逻辑的有机统一

除去以上两点外，开发区政府的运行也随着"政企统合"模式的推行而在不断地迈向公司化，具体而言，包括三个方面：第一，融资方面，开发区政府通过对开发总公司的控制实现了地方政府本不具有的融资权，从而实现了两种逻辑边界的混沌；第二，土地方面，开发区政府利用开发总公司对土地进行征用、整理、开发等工作，从而借用了市场逻辑减轻了政府面对的压力；第三，政企关系方面，开发区与开发总公司的关系既像一种"主仆"关系，同时也像承包合同中的发包方与承包方的关系。这就给地方政府的运行与日常管理带来一定的合同主义色彩。

地方政府运行公司化鲜明地体现了在开发区治理过程中政府逻辑与市场逻辑二者的有机统一，"政企统合"模式有以下两个本质：第一，政府主导，企业补充。这强调了政府与企业所处的相对地位与相互关系。所谓"政府主导"，是指"政府"牌子在开发区的管理运行过程中处于主导地位。而"企业"牌子则在其中起到补充作用，通过企业逻辑与政府逻辑的差异，企业可以利用它特有的法律形式上的优势来弥补政府在管理上的不足之处。这样，将两种逻辑统一起来，通过政府与企业的相互配合，实现开发区的良好治理绩效。第二，政府决策，企业执行。这强调了二者在分工上的差别。所谓"政府决策"，即政府在开发区的重大事项决策上都享有最终的决策权。但一个主体在决策方面的优势不一定代表其在执行层面同样具有优势，因此通过政企两个主体之间的分工配合，企业发挥它在执行方面的优势，从而使绩效最大化。

进一步而言，在"政企统合"模式中，政与企之间既有"合"的一面，也有"分"的一面。所谓"分"的一面，即政企两个主体发挥各自逻辑在管理方面的优势，从而形成双赢的格局；所谓"合"的一面，即二者在管理的大方向上是合一的，通过权力的合理划分，二者的绩效在这一框架下得以综合，并实现总绩效的最大化，从而达到政与企的"统合"，并最终实现提高区域发展绩效的根本目的。

第三节 基层人事管理中的"准正式机制"
及其内在逻辑

一 现象与问题

"政治路线确定之后，干部就是决定的因素。"[1] 如何提升公共部门人员的工作积极性并降低行政成本，成为国家治理体系和治理能力现代化在人事管理领域的要求。中华人民共和国成立以来，中央就成立了机构编制工作的管理部门。机构编制工作旨在通过机构及人员编制的科学配置，以实现精简、统一管理以及彰显公共管理职能、提升公共管理效率的重要目标。随着公共管理职能的逐步拓展，"编外用工"现象开始普遍出现，特别是在基层，形形色色的编外用工正在成为维持基层政权有效运转的重要保障，但编外用工的身份性质也带来了很多问题。为此，部分地区或领域率先启动相关人事管理改革，例如法院系统员额制改革后，便出现了三类人员——"入额法官、编内法官助理、合同制法官助理"；公安系统辅警体制改革后，也出现了三类人员——"警察、辅警、协警"；部分地区事业体制改革后，同样出现了"政府职员、政府雇员、临聘人员"三类人员。对于"编内法官助理""辅警""政府雇员"这三种改革新生身份而言，既不同于入额法官、警察或政府职员的正式身份从而具备完整的相关职权，又不同于合同制法官助理、协警或临聘人员那样的完全非正式身份。这一中间状态相较于正式身份，仍缺乏组织所赋予的充分合法性；但相比于非正式身份，又具有一定的职权和职责，其身份地位也高于后者。

---

[1] 《毛泽东选集》第二卷，人民出版社，1991，第526页。

不难看出，上述改革过程中出现的新类别人员，其身份性质既不同于正式身份也不同于非正式身份，而是一种"正式"与"非正式"之间的过渡形态。这种过渡性机制既不同于有明确成文规则或强制力保障的正式机制，又不同于完全超脱于体制之外的习惯或道德机制；其合法性来源既非完全如正式机制的法理型权力，又非完全如非正式机制的传统型权力，而是兼具二者部分特点的混合型权力。为此，本书将这种介乎于正式机制与非正式机制之间的管理机制称作"准正式机制"。对这种机制的内在逻辑进行深入考察，无疑对进一步优化公共部门人事体制改革具有较强的理论指导意义。为此，本节将在文献回顾的基础上，通过深入的案例研究进一步揭示这一治理机制的内在逻辑。

二　文献回顾

针对正式与非正式制度/机制的研究，制度经济学、组织社会学、历史政治学等领域都展开了不同角度的分析，其中部分文献也隐含着超越"正式与非正式"的二元分析格局的观点，对本书的研究而言都具有一定的借鉴意义。

（一）制度经济学视角的制度分析

新制度经济学侧重于从交易费用、产权、制度变迁等理论入手进而将有关制度领域的理论整合进经济学之中。其中，制度变迁理论的分析就涉及了正式制度与非正式制度的区分。诺斯曾在《制度、制度变迁与经济绩效》一书中指出，制度是减少不确定性和交易费用，并保障产权及增进生产活动的重要安排。[①] 作为社会的游戏规则，制度由正式

---

① D. C. North, *Institutions, Institutional Changes and Economic Performance* (Cambridge: Cambridge University Press, 1990).

规则、非正式规则以及两者的执行特征组成，① 正式制度往往是突变性的，而非正式制度则是渐进性的。在制度变迁领域，正式制度与非正式制度之争演变为一个现实问题，即改革究竟是走激进式的"休克疗法"（正式制度）还是渐进式的"摸着石头过河"（非正式制度）。② 不难看出，改革开放以来，随着制度经济学由国外向国内的引入，经济学领域对正式制度与非正式制度的探讨在初期集中于改革的制度变迁。而这一理论视角对制度变迁的解释，在很大程度上影响到了政治学领域的相关研究，从而使制度经济学具有了制度政治经济学的色彩，③ 并以其"制度范式"成为研究当代中国政治现象的重要工具。④

（二）组织社会学视角的组织分析

社会资本领域的研究指出了社会资本的"制度性功能"，例如普特南对社会资本的定义便指出，"社会资本是旨在促进合作行为进以提高社会效率的规范、信任以及网络"⑤，这一定义揭示出了社会资本的"非正式制度"面向。组织社会学对组织的分析源于马克斯·韦伯对理想类型的考察。根据韦伯的理论，通过法理型权威所建构的科层体制，可以实现理性、可靠、稳定、精确的组织管理。而这些科层体制的特点建构了作为正式组织的逻辑基础。这一组织体制被广泛应用于社会化大生产中，极大地提升了组织的效率，这一科学管理的思想也成为当代公共行政学管理主义流派的滥觞。在组织行为学领域，梅奥开展的霍桑实验表明，正式组织内部仍然存在非正式组织，这种非正式组织同样也是

① 〔美〕道格拉斯·诺斯：《新制度经济学及其发展》，路平、何玮译，《经济社会体制比较》2002 年第 5 期。

② 林毅夫、蔡昉、李周：《论中国经济改革的渐进式道路》，《经济研究》1993 年第 9 期。

③ 秦海：《制度范式与制度主义》，《社会学研究》1999 年第 5 期。

④ 杨光斌：《制度范式：一种研究中国政治变迁的途径》，《中国人民大学学报》2003 年第 3 期。

⑤ R. Putnam, R. Leonardi, R. Nanetti, *Making Democracy Working：Civic Tradition and Modern Italy* (Princeton：Princeton University Press, 1993).

决定组织绩效乃至组织行为的重要因素。^① 因此，对组织的考察也应考虑到非正式性的一面。在这一基础上，相关的系列研究从组织社会学的视角对政治系统以及社会中的非正式组织进行了深入研究。与经济学面临的问题类似，真实世界中的组织并非如理想类型一般，正式因素与非正式因素的互相交融，使组织中的行为都具有一定的组织性，^② 因此，法国社会学家弗里德伯格就对传统的"正式—非正式"二分法提出了挑战，^③ 从而以行动的视角打破了二者的界限，通过组织规则的不确定性为建立由正式到非正式的"光谱化"组织形态提供了可能。

（三）历史政治学视角的官僚体制分析

近年来，一些学者关注到了历史上的"官吏分途"现象。官吏分途使作为"清官"的官与作为"浊官"的吏在正式制度与非正式制度的分野下走上了沟壑分明、彼此分野的发展路径，从而最终形成了两个不同的群体。^④ 但也有研究指出了"正式与非正式"之外的"第三种可能"。楼劲发现，中国古代的官与吏之间仍然存在一个性质含混、地位模糊、形态似官似吏的"过渡区间"，如南北朝的"小人之官"，隋唐的"伎术官"与"流外官"，明清时期的"佐贰、首领、杂职官"。^⑤ 刘建军等更是指出，当代的地方治理群体实则可以构成"群体三分"的格局，即拥有公务员编制的"官僚群体"、拥有事业编制的"派生群体"以及

---

① 贾安阳：《霍桑实验在工作效率研究中的重要发现》，《贵阳学院学报》（社会科学版）2016 年第 6 期。
② 翁定军：《超越正式与非正式的界限——当代组织社会学对组织的理解》，《社会》2004 年第 2 期。
③ Erhard Friedberg, Emoretta Yang, "Local Orders: The Dynamics of Organized Action," *Contemporary Sociology*, 6 (1998): 600-601.
④ 周雪光：《从"官吏分途"到"层级分流"：帝国逻辑下的中国官僚人事制度》，《社会》2016 年第 1 期。
⑤ 楼劲：《"官吏之别"及"官吏关系"的若干历史问题》，《社会》2016 年第 1 期。

完全依靠市场化机制的"雇佣群体"。^① 但倪星等则认为，由于派生群体与官僚群体都具有正式编制，相比于体制外的"雇佣群体"，前两者都属于体制内人员，^② 所以实质上还是"二分"而非"三分"。不难看出，"二分法"的思路受到了一定的挑战，中国国家治理中的人事制度在实践中仍然具有复杂性。

综上所述，正式与非正式的二元分析视角长期以来为相关研究所广泛采用，但相关研究的批评或论争也展现出了"正式—非正式"二元结构对现实解释力的不足。在正式机制与非正式机制之外，组织形式的"光谱图"中还会有怎样的形态呈现呢？这有赖于对正式机制与非正式机制在中国国家治理中的重新回顾，并在此基础之上，进一步建构作为本节核心分析概念的"准正式机制"，考察其在中国国家治理中的位置与作用。

三 超越"正式与非正式"：中国国家治理中的准正式机制

"正式与非正式"是周雪光所建构的"帝国的治理逻辑"中的三对重要关系之一，这一关系也被用以解释中国国家的治理逻辑是如何在"正式机制"与"非正式机制"间转换而加以实现的。^③ 但在实践操作层面，人事管理体制比简单"正式—非正式"二分法所描述的要更为复杂。颜昌武通过实证调研发现，部分乡镇存在"有编不用、编外扩编"的"编外管理编制化"现象，^④ 在乡镇治理的实际过程中出现了新

① 刘建军、马彦银：《从"官吏分途"到"群体三分"：中国地方治理的人事结构转换及其政治效应》，《社会》2016 年第 1 期。
② 倪星、郑崇明：《非正式官僚、不完全行政外包与地方治理的混合模式》，《行政论坛》2017 年第 2 期。
③ 周雪光：《从"黄宗羲定律"到帝国的逻辑：中国国家治理逻辑的历史线索》，《开放时代》2014 年第 4 期。
④ 颜昌武：《刚性约束与自主性扩张——乡镇政府编外用工的一个解释性框架》，《中国行政管理》2019 年第 4 期。

的不同形式的编外人员，这又进一步催生了"因事养人、因人找钱、因钱找事"的恶性循环。[①]为何会出现这种超越"正式与非正式"的人事管理形态呢？一方面，核定编制主要受制于财力规模，[②]财政支出的限制使正式身份的人员依据"编制"被控制在一个特定的规模；另一方面，由于地方事务的复杂性以及地方官员的扩权冲动，非正式身份的人员规模随着地方财力、行政事务规模等实际情况在一定的范围内摆动。

与此同时，在财力有富余的情况下，地方官员热衷于"编外管理编制化"，即通过正式机制之外，设立一套准正式的管理机制，用以管理特定群体的公职辅助人员。这些辅助人员一方面并不具有完备的正式身份所具有的权力，其身份正式性也不如编制人员，其待遇水平往往略低于正式身份的人员，与之相对应地，对这批人员在能力和资质方面的要求也较正式人员为低；但与此同时，这批辅助人员的权力、身份、待遇、能力和资质要高于非正式身份的人员，组织对这批辅助人员的管理也相对更加制度化。因此，不难看出，这类"准正式身份"人员既不同于正式身份的"正式工"，也不同于非正式身份的"临时工"，而是构成了独立的"准正式身份"群体。

不难看出，"准正式机制"实质上是处于"正式与非正式"机制之间的独立的人事机制，并呈现了与"正式机制"及"非正式机制"所不同的特征（见表2-3）。为了进一步挖掘准正式机制的内在逻辑，本节选取S市F派出所为例进行深入考察，以期更深入地揭示"准正式机制"的内在逻辑，并在观察的基础上加以深入反思。

---

① 颜昌武：《基层治理中的"谋生式"行政——对乡镇政府编外用工的财政社会学分析》，《探索》2019年第3期。

② 叶静：《地方软财政支出与基层治理——以编外人员扩张为例》，《社会学研究》2016年第1期。

表 2-3 正式机制、准正式机制与非正式机制的比较

比较维度	"正式机制"下的编制身份	"准正式机制"下的准编制身份	"非正式机制"下的编外身份
组织赋予的正式权力	完全的权力	部分权力	没有正式权力
组织内的身份地位	正式（高）	准正式（中）	非正式（低）
组织提供的待遇保障	高	中	低
组织对其能力和资质的要求	高	中	低

四 准正式机制的治理实践：基于 S 市 F 派出所的案例考察①

本节选取 S 市作为考察对象，是由于 S 市具有户籍人口和常住人口结构倒挂的特征，基于户籍人口规模核定的编制基数很难适应实际管理的需要。F 派出所位于 S 市主城区边缘，所在街道管理规模庞大，辖区人口集中、产业多元、情况复杂。S 市核心城区以外地区的派出所建制，视辖区规模及工作需要，一般设有正式编制警察 5~15 人。而 F 派出所相比于同类地区的其他派出所，其规模更为庞大，体量如同机关。2020 年该派出所有在编警察 60 多人，协警超 300 人，辅警 100 多人，设有 4 个社区警务室，管辖面积超过 27 平方公里，辖区内总管理人口超 30 万，这在 S 市核心城区以外乃至整个 S 市范围内，均属于超大体量的派出所。因此，选取 F 派出所作为案例，其"准正式人员"的规模适宜开展更深入的研究，这一治理机制呈现的效果也随之更加突出。为此，笔者在 2020 年 3~12 月对 S 市 F 派出所进行了田野调查，通过与 F 派出所一线工作的警察、辅警、协警的深度访谈和参与观察，在此基础上展开进一步的机制挖掘。

---

① 相关数据及资料为笔者在 S 市 F 派出所调研期间获得并自行整理。

（一）"准正式机制"引入：协警群体低下的工作能力

F 派出所在正式引入辅警之前，协警受制于"非正式"身份，可参与的工作非常有限。在这种情况下，在编警察的压力日趋繁重，这一矛盾又突出地体现在案件侦查队。

> 我们案件侦查队是派出所公认最辛苦的部门，压力最大。我们队共有 4 个小组，每组 3 名警察，以 4 天为一个周期进行轮班。由于 24 小时内都有案情发生的可能，原则上每天会把 24 小时平均分为早班、中班、晚班，由 3 名警察平摊。但在实际工作时，3 名警察常常都没有休息时间，事情根本做不完。协警又没有执法权而且能力不强，只能做一些简单警务辅助工作，帮不上太大的忙。（访谈记录：F 派出所某警官，20200910）

这种现象突出表明，非正式身份的协警在工作中受制于组织未赋予其必要的正式权力，特别是协警自身素质的相对低下，导致协警体制未能发挥其应有的缓解警力不足的作用。而协警能力的发挥不畅又进一步将其地位边缘化，其待遇和保障也很难进一步得到提高。与此同时，随着社会事务的不断激增，正式身份警察的工作强度却越来越大。笔者在调研中发现，一般来说，很少有警察脱离工作岗位，即使身体有恙，也多会带病坚持，甚至绝大多数警察都会放弃带薪年假，坚持在工作岗位上。例如访谈过程中就有警察说道：

> 前段时间所里有个民警脚受伤了，借了副拐杖来值班。有时候昨天拔了智齿，今天还坚持做笔录。很多警察都放弃休年假，一方面由于手头上的案件永远做不完，没机会休；另一方面警力就这么

多，你休假了，工作量就平摊到其他警察身上。大家都是兄弟。休年假，还要回来办案，所以不如不休了。（访谈记录：F 派出所某警官，20201002）

与此同时，在辅警体制改革之前，协警的表现也不尽如人意。作为非正式机制的协警，其管理能力十分有限。

首先，协警的资质和能力普遍不够高，工作较不负责任。除了极少数为本地家境富裕的年轻人，绝大部分协警均是外来务工人员，在各个年龄段均有分布。所有协警均未受过高等教育，大多是初中、中专或高中学历。笔者在调研中了解到，大部分协警如果不选择做协警，往往只能进工厂打工，而协警的职业身份和工作强度相对而言更加体面。但由于受教育程度低，又属于劳动派遣性质，协警的工作责任心和工作能力则较差。

> 我们所有个协警是本地人，家里有好几栋楼，年纪也很小，1997 年的，没读过什么书。但是这种情况比较少，大部分协警的家境都不太好。他们来 S 市打工，因为学历不高，找不到好工作。在派出所工作比在工厂工作还是要轻松一点。因为他们待遇不高，受教育程度也不高，有些人做事也不认真，普遍都不如辅警工作认真。（访谈材料：F 派出所某警察，20200910）

其次，由于协警没有执法权，其可从事的警务辅助工作有限，没有在质的层面上缓解警力不足的困境。因为协警职权有限，所以在很多方面并不能完全替代或充分协助警察。不仅是案件侦查等工作，即使是部分程序性工作，也只能由警察完成，这就使本就有限的警力更加不足，而大批协警并不能有效发挥作用。

协警没有执法权，案件侦查队的很多工作都没有办法做，协警在社区巡逻和消防监管队比较多，协助抓捕、跟车、出警，还有就是消防巡查，警务室驻点，景区值守站岗。也有协警在综合室工作，主要负责上传下达，给警察排班。但是派出所需要执法权限的工作量很大，协警只能做一些基础的工作，所以警察的工作压力非常大。（访谈材料：F 派出所某警察，20191105）

最后，部分协警存在违法乱纪、牟取私利的现象，严重损害了公安机关的形象。近年来"扫黑除恶"行动的开展，在很大程度上规范了正式在编警察的行为，但协警的问题依然突出。

以前会有协警恐吓嫌疑人家属，说"摊上大事了，后果严重"。可以通过协警打点关系，就是收取好处费。有些人分不清警察和协警，实际上现在大环境很严格，警察不太可能通过这些途径收取好处费。协警的这些狐假虎威的行为却给公安抹黑。（访谈记录：F 派出所某警官，20201002）

有些协警社会关系复杂，甚至发生了干预案件、违法乱纪、牟取私利的行为。

有一次抓捕工作因为有漏网之鱼，所以还要去抓捕同案犯。几个被关押的嫌疑人按规定都要扣留，其中一个嫌疑人和协警认识。结果协警就违规把手机给他。嫌疑人打电话给同伙通风报信，导致后续的抓捕行动失败。更有胆大的协警在嫌疑人手机被扣留之时，偷偷用嫌疑人的手机转账到自己的账户内，被嫌疑人及其家属找上门来投诉。当然，我说的这些（协警）后来都被处理了。（访谈记

录：F 派出所某警官，20201105)

更有甚者，有些协警的行为直接败坏了公安系统的形象。

> 最夸张的是几年前，有协警依仗自己在派出所工作，在下班之后去嫖娼，事后不给钱，结果被找上门来了。虽然这些协警都被开除，也移交其他派出所处理，但造成了很恶劣的影响。(访谈记录：F 派出所某警官，20201105)

不难看出，准正式机制的引入主要是为了解决非正式机制下人员的能力及素质问题，特别是非正式机制对人员的激励作用有限，致使非正式人员难以发挥应有的工作绩效。而随着准正式机制的引入，相关警务工作也发生了一系列新的变化。

(二) 搞对激励：从"非正式机制"到"准正式机制"

S 市自 2017 年辅警体制改革以来，F 派出所于 2018 年迎来了第一批辅警。《S 市警务辅助人员条例》在法律上赋予了辅警群体 9 项可独立完成的职责，以及 12 项由正式警察带领下"1+1"共同完成的相关职责。从客观效果上说，前 9 项职责实质上解放了原来负责此类事务的正式警察，而后 12 项职责根据"1+1"的模式，实质上解放了原来负责此类事务的一半正式警察。因此，辅警体制改革后极大地缓解了有效警力不足的工作压力，例如案件侦查队的警官在访谈中说道：

> 辅警比原来的协警工作能力强，素质高，做事也认真负责。虽然现在工作量还是很大，案件比较多，但是辅警真的能帮助我们分摊一部分工作压力，像做笔录之类的工作，辅警做得好，让人放

心。（访谈记录：F 派出所某警官，20200412）

此外，辅警的进入还进一步提升了基层派出所的工作效率。

> 协警工作不如辅警让人放心，有些协警工作不认真，做事不仔细。案件中的一些账目整理核对工作，难度并不大，也不涉及执法权限，只是十分琐碎。但有些协警就很粗心，工作常出现纰漏，影响工作效率。（访谈记录：F 派出所某警官，20201105）

事实上，这种绩效的提升也源于辅警队伍对自身工作的认同感。笔者在调研过程中发现，相比于非正式的协警群体，准正式的辅警群体在两个方面的认同感更为强烈：第一，辅警虽然没有编制，但它是一份稳定职业，有较好的福利待遇；第二，成为辅警必须通过层层考试，因此辅警十分珍惜自己的工作机会。虽然辅警在工作稳定性方面不及正式在编警察，但相比于劳务派遣身份的协警而言，辅警可以与公安机关签订劳动合同，而且辅警系统有自身的晋升体系，使辅警普遍认为工作有盼头。

> 我们都是通过笔试、体测、面试和政审才考过来的，辅警的招聘不同于协警，当一名协警不需要考试，门槛低。所以，我们（成为一名辅警）的难度要比成为一名协警的难度要高得多，自然也更珍惜自己的工作，也更认真、更负责。（访谈记录：F 派出所某辅警，20201220）

在相对较高的认同度之下，辅警的工作责任心得到了较大程度的激励，工作绩效有所提升。在一次法定节假日的调研中，笔者发现大部分辅警仍然在岗工作。

工作前跟我说的是每月可以休息四天，但实际上我这个月都没有完整休息过一天。我最近在做一个网络销售假药的案件，我从QQ群上千份表格中整理出相关的销售对账表格，再核对分析整理，已经熬夜好几天了。（访谈记录：F派出所某辅警，20201002）

也有辅警在访谈中指出，辅警与正式警察之间的关系要更紧密一些，属于"自己人"：

有时候工作忙起来告一段落的时候，兄弟们会出来聚个餐，一般参加聚餐的都是警察和我们辅警，基本上坐座位是按照入职先后论资排辈。但是队员我们一般很少会叫，他们一般也是自己搞聚餐的多。（访谈记录：F派出所某辅警，20200620）

这里提到的不以"兄弟"相称的"队员"，就是非正式的协警群体。不难看出，从称呼上也能反映出协警群体的边缘化，有警官在访谈中一语道破不同身份之间的区别：

辅警和协警从本质上来说都是警务辅助人员。协警是和保安公司签合同的，其实就是临时工，非常不稳定；辅警是和公安局直接签劳动合同的，虽然不是公务员，但其实非常稳定，通常不会被辞退的。而且辅警也有晋升制度，虽然现在还比较简单，但一看就是模仿警察的。协警是临时工，自然是没啥搞头。（访谈材料：F派出所某警官，20201002）

（三）合法性质疑："准正式机制"带来的新问题

虽然准正式机制的辅警在被引入后提升了警务工作的绩效，但局部先行先试的改革在大的法律政策环境未发生改变之时，准正式机制的"准正式"性在操作层面仍然存在一定的障碍，阻碍了准正式机制优势的进一步充分发挥。例如 Y 市公安局 Z 分局的"询问笔录辅警签名案"，笔者在对这一案件进行访谈的过程中，受访者对此评论道：

> 说到底，派出所的案件要交到检察院或者法院那边去，说实话，辅警的执法权我们公安机关是承认的，可是检察院、法院那边要是说有问题，给我们退回来怎么办？所以我们考虑到这个问题，工作的过程中就很谨慎。（访谈记录：F 派出所某警官，20200813）

因此，"准正式机制"在实践中出现了合法性的内在张力——形式上的"合法性"（legality）已被相关的立法改革举措所确认，但在实质上的"合法性"（legitimacy）仍然缺乏认可，特别是跨区域的执法案件。

> 虽然现在我们市是有辅警的，但不是所有城市都有辅警。我们有时候也要去外省把"网逃"带回来，如果去的那个城市还没有搞辅警改革，只有协警没有辅警，那我们辅警的执法权在他们那还有效吗？（访谈记录：F 派出所某警官，20200910）

（四）泾渭分明："准正式机制"引发群体间进一步分化

除了准正式机制下辅警参与执法等工作中的"合法性"问题外，"准正式机制"引入后，原有的"非正式机制"下相关人员对工作的认同度也出现了变化，人员之间的界限也开始逐步明显。特别是三类人员的学历差距——正式在编警察一般为本科学历，而辅警以大专居多，协警则集中在初中、高中或中专。

> 我们所大部分警察是本科学历，也有几个是研究生学历。一部分是警校毕业的，如公安大学（注：中国人民公安大学）、刑警学院（注：中国刑事警察学院）、广警（注：广东警官学院）；一部分是普通大学毕业的；还有一部分是军校毕业的，原来在部队，后来军转警过来的。（访谈记录：F派出所某警官，20200910）

协警是没有编制的合同工，通过和保安公司签订劳动合同，派遣至F派出所从事警务辅助工作，工资由保安公司发放。协警在公安系统内属于非正式的身份。由此也表现在收入、工会福利待遇方面的"三六九等"。

> 警察是公务员的收入，辅警的收入比协警高，辅警到手七八千，协警只有4000多元。去年年底单位发了购物卡，警察每人1000元，辅警500元，协警就没发。（访谈记录：F派出所某辅警，20200515）

而辅警虽然不是公务员，但与协警相比，在组织内有更正式的身份。辅警与S市公安局直接签订劳动合同，由S市公安机关统一招聘和管理，由S市人力资源保障部门进行招聘指导和薪酬核定，并由财政部门提供经费保障。因此，辅警在组织内为正式员工，和"临时工"有本质差别。

在食宿等细节方面，也体现出了不同身份人员之间的差别。F派出所为所有警务工作者提供食宿。警察和辅警在同一个食堂用餐，辅警和协警的宿舍均在派出所附近的居民楼，警察在派出所内有备勤室。警察和辅警的食宿明显优于协警。

> 警察在派出所有备勤室，两人一间，楼下就是食堂。辅警居住在派出所附近的小区内。我们所因为人多，食堂也分为两大区域。警察和辅警在一个食堂就餐；协警由于人数多，单独在另一个食堂就餐。（访谈记录：F派出所某协警，20201105）

在福利方面，由于协警属于劳动派遣性质的员工，没有工会，其福利往往是比较差的。如派出所在节日发放的电影券、生活用品之类，往往只有警察和辅警可领。总的来说，辅警的收入待遇在警察和协警之间，并且更接近于警察。当然，即使在同一体系内部，也会因为职位、岗位的不同而收入有所差别。但是可以看出，在警察、辅警、协警的收入待遇之间还是有明显的分化，特别是某些身份性质较强的福利，如用餐、工会福利方面，辅警更体现出"准正式"的性质。这无疑会让他们更认同自己警务工作者的身份，从而会更有集体意识和责任感。

在这样的差别之下，由于辅警是通过考试获得的身份，工作相对稳定，且辅警学历较高，基本素质高，辅警普遍珍惜工作机会，工作认真负责。由于F派出所警务任务繁重，2018年第一批辅警走上岗位后，F派出所十分重视对辅警的使用，对辅警的培训锻炼多，辅警的能力普遍比协警要强。由于辅警已经有较为稳定的职业和晋升体系，他们大都认可自己的职业，感觉更有"盼头"。

> 我们都是通过笔试、体测、面试和政审才考过来的，辅警的招聘不同于协警，当一名协警不需要考试，门槛低。所以，我们（成为一名辅警）的难度要比成为一名协警的难度要高得多，自然也更珍惜自己的工作，也更认真、更负责。（访谈材料：F派出所某辅

警, 20201220)

但大部分辅警仍在准备公务员考试, 希望自己能够获得一个正式身份, 并提高自身的收入待遇。有辅警表示:

> 很多辅警都在备考公务员, 我自己也有备考。和我(同)一批进来的一个辅警, 在另一个所工作, 他已经考上公务员了, 现在辞职了。(访谈记录: F派出所某辅警, 20200515)

近年来, 协警人员流失率显著加大。一方面, 工作辛苦, 收入待遇性价比低于去工厂打工; 另一方面, 随着反腐败的进一步深化以及协警工作岗位的边缘化, 协警牟取私利的"捞油水"空间进一步被压缩, 从而加剧了协警的离职倾向。

> 我们队员工资不高, 所以一直招不满人, 很多人干一段时间就辞职了。我和老婆孩子在附近的农民房租房子住, 每个月房租1600元, 已经是附近比较便宜的了, 如果过年以后房租再涨, 可能我也就不干了。(访谈材料: F派出所某协警, 20201220)

五 讨论: 准正式机制的成因及其特点

基于前文的案例研究可以看出, 作为"准正式机制"的辅警与作为正式机制的警察和非正式机制的协警有较大的差别: 一是相比于协警, 辅警招录门槛更高, 有严格程序性, 学历背景更接近正式警察; 二是辅警具有部分执法权, 可以承担更多的准正式职能, 而非正式的协警则完全不具备执法权；三是辅警收入待遇较高，与非正式的协警之间有着显著差异，但也远低于正式警察；四是辅警素质较高，责任感和认同感也较强，显著优于非正式的协警；五是辅警职业稳定性强，并有一定的上升空间。虽然这些发现主要基于 S 市 F 派出所的案例，但与该案例类似的机制已广泛应用于公共部门。那么，值得我们思考的问题是，为何公共部门要在正式机制与非正式机制之外创造一种准正式机制呢？通过回归行政国家理论，我们可以更深入地对其内在机理加以探讨。

（一）治理压力的增加与资源不足

随着行政国家（The Administrative State）的发展，现代社会的治理越来越精细化，与之相匹配的政府管理机构程序出现复杂化的趋势。随着行政事务的不断增加，治理压力越来越大，客观上需要增加治理资源。以警力为例，2005 年中国警察总数为 170 多万，平均每万人有 12 名警察，不仅低于美国（24.5 人/万人）等发达国家，也低于许多发展中国家。特别是在我国某些经济较为发达地区，人均警力密度反而进一步下降，拉开了与境外发达地区的差距。例如，700 多万人口的香港有 2.8 万名警察，加上文职人员和辅警则超过 3.5 万人，其警察数量占总人口的比例约为 0.5%。而常住人口 1300 多万（实际管理人口超过 2300 万）的 S 市，其正式警察人数只有 2 万余人，其警察数量占总人口的比例约为 0.087%，警察密度只有香港的 1/6 左右，也远低于全国平均水平。

以 S 市为代表的特大城市、超大城市警察人数偏低的原因在于，包括警察在内的公务员编制是按户籍人口或常住人口数量编制的。所以，外来人口较多的城市或行政区，就会面临正式编制小于实际需求的情况；与此同时，这些地区往往又是社会流动性强、管理难度大、经济社会矛盾较多的地区。这两者之间的矛盾，使这些地区往往面对更突出的治安压力，对警务力量的需求也远远超过中小城市。也正因如此，20世纪末期，以广州、深圳等为代表的流动人口快速流入的城市曾面临严峻的治安形势，并一度面临着治安较差的治理困境。在这样严峻的治理压力下，以公安系统为代表的行政机关谋求人事权的扩张就成了必然选择。

以 F 派出所所在的 B 区为例，2019 年底 B 区常住人口数约为 334万（实际管理人口为 540 万以上），户籍人口 65 万左右，占常住人口的比例不到 20%。其中，仅 F 派出所辖区人口就有 30 万，这一管理规模已超过中西部诸多普通县的人口规模。如果参照一般派出所的警察编制来配备正式警力，显然连日常治安管理的工作都无法完成。与此同时，这种因为资源特别是人力资源不足带来的治理压力，并不仅仅限于警务领域。包括司法、城市管理、教育、医疗等许多领域，也都存在类似的结构性矛盾，特别是外来人口较多的地区，都会存在按正式编制及资源投入与实际需求之间严重倒挂的矛盾，这也正是新时代我国社会主要矛盾在公共人事管理中的突出体现。

与此同时，正式机制需要具有一定的专业性和很强的程序性，但这在某种程度上也限制了其灵活性。随着经济社会的发展和转型，治理议题日渐复杂，在中国这样的大国尤为突出。对"官"异地任职以减少腐败和地方割据的"一统体制"诉求与对"吏"本地任职以确保治理稳定的"有效治理"诉求之间的矛盾，成为催生准正式机制的重要诱因。

（二）行政国家需要自我克制以降低行政成本

面对治理压力增加下的治理资源不足特别是人力不足，一种常规做法当然是增加治理资源，例如招聘更多的警察。如果与其他国家相比，中国有很大的空间去增加相应警力。但是在现实中，这既非唯一选择，也并非最佳选项。其中最重要的因素是，正式机制的运行需要消耗高额的财政支出，而且具有"刚性增加"的特征。如果放任正式机制扩张，极有可能突破公共财政及社会所能供养的极限。^① 因此，需要严格控制正式机制的增长。党的十八大以来，简政放权不断推进，对正式机制扩张的控制更加严格。对于地方政府来说，正式机制虽然是履行其核心职能的重要机制，但基于国家财政的有限性，正式机制的规模不可任意增加。

正式机制严格的程序要求，使其调适能力有限。在法治国家建设中，公权力机关在人员招录和人事管理上需要遵循法定程序，包括《公务员法》《警察法》等法律明确限制了其招录人员的范围。例如《警察法》第二十六条规定了担任人民警察需具有高中毕业以上文化程度，而现实中 S 市招考警察的门槛更高。招考程序也要根据上级部门的要求定期举行。与此同时，警察招录后需要依照一定的岗位设置和职务序列，未必能根据需要充分灵活调整，这也是正式机制的正式性所带来的必然结果。

（三）传统非正式机制缓解治理压力作用有限

应对治理压力增加的另一个途径，是引入非正式机制。在我国的基层治理中，事实上大量存在这一类型，如警务系统内的协警（以及之前的治安联防队）、城市管理中的"临时工"，都可以视为一种承担某些行政职能的非正式机制。

通过非正式机制可以更灵活精准地招聘到需要的人才，并且成本更低。例如，公务员招聘不能限定籍贯、出身，有时甚至要刻意回避，但

---

① 程文浩、卢大鹏：《中国财政供养的规模及影响变量——基于十年机构改革的经验》，《中国社会科学》2010 年第 2 期。

是编外人员的招聘则可以因地制宜，让基层政府可以精准地招聘到对当地语言、风俗甚至对即将开展的业务有深入了解的人员，有效地提高工作效率。并且，编外人员相比编内人员，薪资一般要低很多，也少许多福利和长期保障，其数量、岗位可以根据工作需要灵活调整，因此在增加人手的同时可以相对降低行政成本，从而缓解人力不足带来的治理压力。

但是，非正式机制缓解治理的作用是有限的。首先，非正式机制能承担的职能受到限制。作为一种补充机制，非正式机制引入的人员一般不具有组织赋予的正式权力，只能从事部分辅助工作，不能承担核心功能，特别是需要获得法律授权的特定职能。[①] 而社会发展和法治建设带来依法行政的要求，更限制了非正式人员所能发挥作用的空间。例如，公安系统内非正式机制的协警不具有执法权，只能辅助警察进行执法工作，而不能独自执法。在公民法律意识日益增强的情况下，如果让协警从事其无权从事的执法工作，其执法行为会被视为无效，严重时甚至构成违法。[②] 这一问题也存在于其他许多行政执法机构，包括部分非行政的专业领域（如医生、律师等需要专业资格的职业）。

其次，非正式人员的素质和能力相对不足。非正式机制的准入门槛低于其他机制，对学历、专业技能等各方面的要求都比较低。由于给"临时工"提供的薪酬待遇不高，即使有心想要招录到高素质的人才也十分困难。而且，由于各地基层政府"临时工"的招录通常没有统一的标准和严格的程序，给"任人唯亲"、人事腐败提供了空间，可能让不具备相应能力的人员进入，更拉低了非正式人员的整体水平。这些问题不仅影响到非正式人员的工作能力，也可能导致少部分人员以权谋私，利用手中的职权从事违规违法行为，从而制造更大的治理压力。

---

① 胡晓东：《政府"临时工"协助执法之问题探析》，《中国劳动关系学院学报》2017年第5期。

② 廖建春：《协警执法问题研究》，《广西政法管理干部学院学报》2010年第2期。

最后，非正式机制提供的吸引力和激励性都不足。非正式机制使用的人员在很多情况下被称为"临时工"，这意味着他们在组织内没有正式编制，不具备正式身份，在大部分情况下也没有进入正式编制的管道和向上晋升的空间。为非正式人员提供的待遇保障也低于正式人员，特别是如果承担相似职能却"同工不同酬"，更会影响非正式人员的工作积极性。从而，非正式人员对职业的认同感较低，其工作积极性和责任感受到影响，其职业稳定性也较低，人员流失率高。

正式机制无法应对日益增加的治理压力，而非正式机制又不能充分弥补，反而可能产生新的问题，这反映出行政国家面对治理压力时的两难困境：正式机制具有专业性、程序性、稳定性，但同时存在低效僵化的弊端；非正式机制具有一定的灵活性，但这种灵活性又可能不利于组织的长远发展。因此，正式机制和非正式机制的张力使组织可能既无法对非正式机制进行充分的激励，也无法对非正式机制开展有效监督。例如，招募协警时可能需要了解当地风土民情的当地人士，但与此同时，他们又可能因为复杂的社会关系而不能合理使用职权。[①] 而准正式机制则为正式机制与非正式机制之间提供了一座"桥梁"（见图2-4）。"准正式机制"既是将正式机制与非正式机制分隔开来的中间状态，同时又是非正式机制向正式机制流动的一个"中转站"。

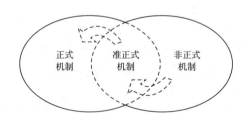

图2-4 正式机制、准正式机制与非正式机制的关系

---

① 田秀娟：《基层政府编外人员的存在逻辑与治理对策》，《长白学刊》2019年第6期。

与此同时，"准正式机制"人员的门槛设置及要求也在事实上起到了一种筛选机制的作用，通过筛选出有潜在可能进入正式机制的人员，构建更为平缓且易于提升的人力资源队伍体系。"准正式机制"人员通过在准正式岗位接受一定的职业训练，并获得一定的经验，其相对优秀的能力、责任感和认同感都将使其成为更为优秀的正式机制的储备力量。此外，"准正式机制"人员能在更大范围内和更深程度上参与正式工作，并且在一定条件下可以成为正式机制的一员，因此准正式机制同样也是正式机制的一种"预备"机制。

从这个意义上而言，与其将这类群体的属性界定为"半正式"，毋宁将其界定为"准正式"。这里的"准"（quasi），一方面说明其在许多方面很接近"正式"，另一方面也说明其职能是有效辅助正式机制。特别是，非正式机制与正式机制往往存在明确的界限，但准正式与正式之间的界限并非十分明确，甚至有时会有意模糊，这种模糊治理的策略也正是中国国家治理复杂性的一种体现。①

作为"领土广袤、人口众多、区域差异巨大、政府层级庞杂的单一制大国"②，中国国家治理具有天然的复杂性。因此，为了维系一统体制下的有效治理，中国国家治理采取了正式制度与非正式制度并存的治理逻辑，从而进一步形塑了"名与实"的治理机制转化。③ 这种名与实的转化，其本质是中国作为单一制大国平衡"一统体制与地方分治"之间的对立统一关系的重要手段。毛泽东同志早在《论十大关系》一文中就着重谈到了"中央与地方"关系，并指出"我们的国家这样大，人口这样多，情况这样复杂，有中央和地方两个积极性，

---

① 韩志明：《政策过程的模糊性及其策略模式——理解国家治理的复杂性》，《学海》2017年第6期。

② 陈科霖：《中国国家治理的三元结构和互动逻辑》，《公共行政评论》2018年第6期。

③ 周雪光：《从"黄宗羲定律"到帝国的逻辑：中国国家治理逻辑的历史线索》，《开放时代》2014年第4期。

比只有一个积极性好得多"。① 党的十九届四中全会通过的《中共中央关于坚持和完善中国特色社会主义制度、推进国家治理体系和治理能力现代化若干重大问题的决定》明确指出，我国国家制度和国家治理体系具有 "坚持全国一盘棋，调动各方面积极性，集中力量办大事的显著优势"②。这些论述体现了作为大国治理的中国国家治理在 "中央集中统一" 与 "地方因地制宜" 之间的辩证关系。

准正式机制的引入，正是部分经济发达地区为平衡行政成本与有效治理之间矛盾关系的探索，通过构建准正式机制的 "隐形晋升台阶"③，从而实现公共部门人力资源利用的最大化。与此同时，准正式机制面临的 "合法性质疑" 也进一步对相关制度的改革提出了要求，相关制度的改革设计应当实现多重治理目标和多元治理约束条件的平衡。因此，在基层公共部门的人事管理体制改革中，应当进一步考虑到各地不同的实际情况，以大的原则性方向为基础，允许各地结合自身实际进行探索，从而切实发挥公共管理在实践过程中的 "两个积极性"，进一步提升国家治理体系和治理能力的现代化水平。

第四节 "双合" 改革与国家治理现代化：权力逻辑、
历史经验及保障机制④

党的十九大报告在 "深化机构和行政体制改革" 一节指出，"赋予省级及以下政府更多自主权。在省市县对职能相近的党政机关探索合并

---

① 《毛泽东文集》第七卷，人民出版社，1999，第 31 页。
② 《十九大以来重要文献选编》（中），中央文献出版社，2021，第 270 页。
③ 冯军旗：《中县干部》，博士学位论文，北京大学，2010。
④ 特别说明，本节中的 "双合" 改革为 "合并设立或合署办公" 的简称。

设立或合署办公"① （以下简称"双合"改革）。作为推进国家治理体系和治理能力现代化进程中的改革之一，"双合"改革旨在通过进一步的放权措施激活地方治理的活力，从而在机构精简的基础上降低行政成本，提升治理绩效，理顺央地关系，并最终实现国家治理的现代化。

推进国家治理的现代化，需要构建央地间协调平衡、相互制约又有序运行的权力结构和运行机制。回顾中华人民共和国成立以来的历史，央地关系长期以来处于"一放就乱，一乱就收，一收就死"的"放乱收死"四循环。"放乱收死"四循环产生的制度困境即源于央地关系的不协调。纵向府际形成的多重张力与非制度化的权力分配与运行机制的结合共同导致纵向分权在央地反复博弈的过程中上下摆动。这种摆动所引致的制度不稳定性阻碍了央地关系规范化、制度化乃至法治化的进程，从而为府际关系现代化构成了阻碍。长期以来，党和国家针对这一问题做了大量富有意义的探索。党的十九大提出的"双合"改革构想，为新时代进一步推进央地关系现代化指明了新的突破口。为了更为深入地认识"双合"改革与国家治理现代化的关系，本节试图从政治社会学中关于国家治理的基本讨论出发，探讨"双合"改革的学理基础；在此基础上，通过对"双合"改革在历史中的实践面向加以梳理和总结，提炼相关的经验；通过对经验的总结，探讨"双合"改革的相关保障机制，并提供相关的前瞻性思考。

一 政治稳定与有效治理：集权与分权的核心逻辑

基于政治社会学的理论视角作为切口考察中国的国家治理，不难看出中央政府始终不可避免地遇到的一个核心矛盾是：一方面需要保持中央政府的政权稳定，而另一方面需要在满足前者条件之下，提高国家的

---

① 《十九大以来重要文献选编》（上），中央文献出版社，2019，第28页。

治理效率和经济发展水平。① 简而言之，政治稳定与有效治理是中国国家治理需要追求的两大核心目标。政治稳定与有效治理之间的关系是具有二重性的：一方面，二者具有相互促进的作用。在必要的政治稳定基础上，才能够满足地方有效治理的基本外在环境条件；而随着治理绩效的提升，反之又有助于进一步巩固政治稳定的格局。因而在治理绩效不断提升的背景下，二者之间易于形成良性的相互促进过程（协同效应）。另一方面，二者之间还存在内生性的矛盾。从央地关系的视角出发，由中央向地方的分权将有助于增强地方自主性，但分权的代价是威胁中央政府的统一性（"一放就乱"）；而过分地向中央集权，虽然可以保持政令统一，但地方的活力则难以发挥（"一收就死"）。故而政治稳定与有效治理之间也存在相互冲突的两难困境（拮抗效应）。在协同效应与拮抗效应并存的格局下，如何科学地分配权力，成为摆在中央和地方政府面前的重要问题。"放乱收死"四循环现象的产生，可以看作是央地间权力调整的不断尝试过程，但如何确定集权与分权的边界，仍有待于从理论视角加以阐释。

借鉴刘世定针对国家治理问题的分析思路,② 可以利用图 2-5 对这一问题加以考察。

中央与地方之间对待分权的态度是截然不同的，正如不同的权力配置模式会带来不同的治理效率。

对于中央政府而言，当分权度为 0 时，其治理绩效亦为 0，因为国家治理乃至中央政务的处理都不可能依靠独立的个人（最高领导人）加以完成，随着适度地向下分权，中央的治理效率将快速提升，当分权程度到达 S_1 时，中央政府的治理效率达到峰值（A 点）。随着进一步分

① 曹正汉：《统治风险与地方分权：关于中国国家治理的三种理论及其比较》，《社会》2014年第 6 期。
② 刘世定：《历史的理论研究路径和理论模型——对〈中国的集权与分权："风险论"与历史证据〉一文的几点评论》，《社会》2017 年第 3 期。

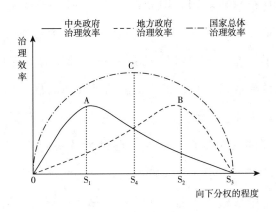

图 2-5　分权与治理效率的关系

资料来源：刘世定：《历史的理论研究路径和理论模型——对〈中国的集权与分权：
"风险论"与历史证据〉一文的几点评论》，《社会》2017年第3期。

权的展开，中央政府权能的不足将导致其治理能力的下降，并在分权的
极大点 S_3 使其治理效率降为0。

　　对于地方政府而言，当分权度为0时，恰与中央政府所对应的 S_3
点情况类似，由于国家治理权力尽为中央政府所掌握，地方政府没有相
关的治理权限，治理效率为0。随着中央政府不断地向下分权，地方政
府的治理效率上升，直至分权程度为 S_2 时达到峰值（B点）。随着中央
政府进一步的分权，地方政府会赢得自主权上升所带来的效率提升。但
随着全国性公共物品提供的弱化，地方政府间由制度摩擦所引发的跨域
治理成本急剧上升，分权度在 S_2 点后地方总体治理效率会急剧下降。
与此同时，由于地方政府更接近行政相对人，基于权力行使的便捷性，
中央政府的治理效率拐点先于地方政府出现，如图2-5所示，央地间
的治理效率随分权的变化关系曲线呈现了双峰先后出现的态势。

　　在此基础上，将央地两条"分权—效率"曲线叠加，可以获得国
家总体治理效率曲线。不难看出国家总体治理效率随分权的变化也呈现
了先上升后下降的曲线，但双峰叠加带来的结果是，国家总体治理效率

曲线的峰值出现在双峰之间，即分权度为 S_4 时，国家总体治理效率达到峰值 C 点。C 点的政策意义在于，它确定了一个合理的分权规模，从而进一步指出了"集权—分权"的边界——最佳的分权模式并不在于追求中央治理效率的最大化，抑或地方治理效率的最大化，而是追求叠加之后的函数最大化。与此同时，这一简单的分析模型也揭示了"放乱收死"四循环的内在逻辑，即在有限理性的央地二主体之间，相互间博弈所依赖的基础在于使自身行政效率的最大化，从而在央地间力量对比变化的过程中形塑了"集权—分权"循环往复的变化逻辑。

对中央与地方间集权与分权的分析同样适用于地方政府机构设置这一情境。地方政府职权横向的划分（机构设置）作为一个向下分权的过程，机构设置的数量（横轴）与治理效率（纵轴）之间也形成了如图 2-5 所示的变化关系。因而，在科学判断当前我国地方政府机构设置所处坐标区间的基础上，可以得出具有针对性的改革对策。从历史的经验来看，随着改革开放以来机构设置总体趋向扁平化、大部门化的趋势以及治理效率不断上升的态势，可以得出的一个基本判断是：地方政府横向分权过度（处于 S_4—S_3 区间）而中央政府纵向分权不足（处于 0—S_4 区间）。基于这样的分析判断，党的十九大报告中所作出的"赋予省级及以下政府更多自主权"及"双合"改革的思路便具有重要的现实指导意义。

二 "双合"改革的历史实践面向及其经验

"双合"改革旨在通过将行政机关（机构）进行"合并设立"或"合署办公"两种方式加以精简，从而达到降低行政成本、提高行政效率的目的。"合并设立"，就是将两个或多个职能相近或相互关联的行政机关（机构）组合为一个行政机关（机构）的方式；而"合署办公"是在合并设立的基础上，根据工作需要，保留以不同名义对外使用其对应名称的方式，也就是"一个机构两（多）块牌子"。基于治理能力的视角，"双合"改革有利于协调党政关系、优化治理体系、增强协同合力、提升治理绩效，[①] 因而就国家治理现代化的目标而言，"双合"改革在微观层面具有重要的促进作用。从目的论而言，"双合"改革的指向在于国家治理现代化，而从手段论而言，"双合"改革的目标在于精简机构，提高行政效率。基于手段论的视角，"双合"改革在历史上曾有过不同的形式，具体而言，下述案例具有代表性。

（一）归口管理与小组政治

中华人民共和国成立以来，随着官僚体系的不断完善，党对各项工作的领导日益繁杂，为了解决部门林立所带来的协调困难，归口管理的治理模式便应运而生。所谓"口"，即中国共产党领导下的一些具有类似或相关职能的党政部门共同构成的组织系统或职能领域。通过将这些党政部门进行归口，设立各"口"的领导小组，进而基于统合的小组形式加以管理，成为中华人民共和国成立初期的一种机构精简形式。在中央层面，领导小组一般可以分为八大门类，即组织人事类、宣传文教类、政治法律类、财政经济类、外事统战类、党建党务类，[②] 以及党的十八大以来地位日益凸显的深化改革类及军队建设类。小组政治作为中国党政关系最核心的联络点之一，[③] 体现出了中央层面在推进机构整合领域的一次初步尝试。与此同时，归口管理与小组政治也有组织层面的结构性困难，即这一举措在形式上虽然实现了机构间的整合，但客观上造成了更多机构的设立（即形形色色的"领导小组"）。虽然领导小组

---

① 徐理响：《现代国家治理中的合署办公体制探析——以纪检监察合署办公为例》，《求索》2015年第8期。

② 周望：《"领导小组"如何领导？——对"中央领导小组"的一项整体性分析》，《理论与改革》2015年第1期。

③ 吴晓林：《"小组政治"研究：内涵、功能与研究展望》，《求实》2009年第3期。

在绝大多数情况下是不占编制、不增人员的"架子机构"，但在客观层面上造成的行政层级虚增与行政成本上升是不争的事实。

（二）纪检监察合署办公

1977 年党的十一大重新恢复设置党的纪律检查委员会后，1986 年第六届全国人大常委会第十八次会议决定设立中华人民共和国监察部。由于国际国内政治局势的变化，以及矫正纪检监察工作在实践中职责不清、办事重复、相互脱节、不够协调的问题，中共中央在十二大召开后以中发〔1993〕4 号文件的形式明确了纪检监察合署办公的原则，随后中央纪委、监察部于 1993 年 5 月 18 日联合出台了《中共中央纪律检查委员会、监察部关于中央直属机关和中央国家机关纪检、监察机构设置的意见》，揭开了纪检监察合署办公的序幕。纪检监察合署办公在领导体制层面实行中央纪委、监察部和所在部门党组、行政领导的双重领导，纪检、监察业务以中央纪委、监察部领导为主。党组纪检组（纪委）与内设行政监察机构实行中央纪委、监察部和所在部门党组（党委）、行政领导的双重领导。纪检监察的合署办公在实践中取得了重要的成绩，但是合署办公模糊了党政边界，使监察职能的边界不明确，进而影响了监察权的有效发挥。党的十九大以来，监察体制改革的推进使纪委与新成立的监察委员会之间的合署办公成了可能。通过将党外的监督力量整合为监察委员会的形式，纪委与监委之间的地位得以更为对等，合署办公的统合力量得到加强，多头领导的困局也得到化解。因而监委的相关改革为"双合"改革探索出了一条重要的可资借鉴的成功经验。

（三）大部制改革

改革开放初期，出于经济恢复工作及安置老干部的原因，国务院机构在 1978~1981 年急速膨胀，机构设置达到 100 个之多，随后自 1982

年始至党的二十大前，中央政府层面先后经历了八轮的大部制改革，并将中央政府的组成部门稳定在 30 个以内。在地方层面，随州、深圳、成都、富阳、顺德等地接连开展试点，利用合并同类项、行政三分、城乡统筹、专委会制及党政联动等方式加以探索，取得了突出的成绩。大部制改革综合运用了"双合"的改革手段，它以机构合并形式为主，机构合署办公为辅，从而构建了横向整合、机构联动、权威高效的横向权力分配与政府流程再造的创新模式。但是大部制改革在现实当中仍然存在诸多的障碍：首先，如何正确处理大部制改革与简政放权之间的关系是大部制改革是否能够取得成效的关键。[①] 大部制改革不是简单的机构合并，它的目标应在于简政放权，即通过机构合并带动职能整合，进而推动职能下放，从而构建有限政府。在部分大部制改革案例中，机构的整合仅仅体现为对编制的精简，这种名义上的大部制实质上违背了大部制改革的初衷，因而大部制改革的"名实分离"现象会严重削弱这一改革的成效。其次，职责同构现象制约了大部制改革的成效。长期以来，我国政治体制中存在的"职责同构"现象使纵向府际在机构设置与机构职能方面高度重合。地方脱离中央框架下的大部制改革固然能够取得了一时的成绩，但机构上下间的不配套使诸多源自地方的大部制改革最终"恢复原状"，从而使真正成功的地方大部制改革少之又少。基于此，大部制改革的改革成效正在日益受到理论界与实务界的质疑。

（四）行政审批局

行政审批是行政主体同意特定相对人取得某种法律资格或实施某种行为的行政行为的总称。改革开放以来，随着市场经济的逐步发展与行政体制改革的逐步展开，虽然行政审批事项不断精简，但市场经济快速发展与规制过度之间的矛盾日渐突出。2001 年 9 月 24 日，国务院成立

---

① 陈科霖：《大部制改革：历史回顾与路径前瞻》，《云南社会科学》2014 年第 3 期。

行政审批制度改革领导小组，正式拉开了行政审批改革的序幕。行政审批制度改革在经历了精简和下放审批项目、建立政务服务中心、"两集中、两到位"后，开始逐步进入探索成立相对集中审批权的行政审批局阶段。① 行政审批局与传统的行政服务中心不同，它旨在通过成立统一审批机构的方式将原职能部门的审批权剥离，并深度整合审批事项，打破部门利益的深层阻力，② 从而切实推进服务型政府建设。行政审批局在实践中取得了一定经验，但在探索中暴露出的问题值得注意：首先，在打破"职责同构"和"条块分割"的深层次问题上仍需要有所探索和推进，③ 作为局部改革，如何处理好局部与全局的关系是实践中需要特别注意的；其次，行政审批局带来了审批与监管相互脱离的问题。由于行政审批局作为一个独立机构，其职权又来自多家具有审批权的部门，这就导致原单位监督与行政审批局自我监督之间存在鸿沟——"漏监""虚监"隐患极易导致行政审批局腐败现象的发生，这是后续改革应当加以注意的。

通过对上述四组典型案例加以整理，不难看出，它们分别代表了四种机构整合的思路，如表2-4所示。

表2-4　四种机构整合思路的比较

比较维度	议事协调型	保留挂牌型	合并归一型	抽取整合型
代表案例	归口管理与小组政治	纪检监察合署办公	大部制改革	行政审批局
典型特点	新设立统合性的领导机构	一套班子，两（多）块牌子	机构合并精简	抽出多家机构中的一部分组成新机构

① 郭晓光：《成立相对集中审批权的行政审批局之思考》，《中国行政管理》2014年第8期。
② 宋林霖：《"行政审批局"模式：基于行政组织与环境互动的理论分析框架》，《中国行政管理》2016年第6期。
③ 贾义猛：《优势与限度："行政审批局"改革模式论析》，《新视野》2015年第5期。

续表

比较维度	议事协调型	保留挂牌型	合并归一型	抽取整合型
存在问题	行政层级虚增、协调成本上升	职责模糊、边界不清	机构合并不等于职能精简	职责理顺难、监督难

资料来源：笔者自制。

三 推进"双合"改革的保障机制

依据党的十九大精神，推进"双合"改革旨在推进权力配置的科学化，转变政府职能，深化简政放权，创新监管方式，增强政府公信力和执行力，并最终建设人民满意的服务型政府。基于这样的基本要求，在推进"双合"改革的过程中，需要着力加强政治、法律、组织和技术四个层面的保障机制建设，从而使"双合"改革能够稳步推进，取得实效。

首先，在政治保障层面，来自中央的改革决心与顶层设计是"双合"改革的核心保障。"双合"改革作为政治体制改革的破题环节，对下一步深化政治体制改革攻坚战具有奠基与示范的双重作用。党的十九大将"双合"改革以党代会报告的形式加以体现，这一形式强有力地表达了来自中央对下一阶段啃下机构改革"硬骨头"的改革决心。在顶层设计层面，中央当前依然采取了先行试点、随后铺开的改革策略，在监察体制改革方面先行一步，为后续进一步的顶层设计提供了重要的借鉴经验。借鉴纪检监察体制改革，特别是党的十九大以来首项也是最重要的监察委员会改革的成功经验，无疑将为后续其他领域开展"双合"改革提供强有力的政治保障。与此同时，保障地方改革者的改革动力也十分重要，这就需要建立健全科学的激励机制和容错纠错机制，从而真正"为那些敢于担当、踏实做事、不谋私利的干部撑腰鼓劲"[1]，将"双合"改革扎

---

[1] 《十九大以来重要文献选编》（上），中央文献出版社，2019，第45页。

扎实实推进下去。

其次，在法律保障层面，"双合"改革涉及诸多党和政府部门之间的机构调整，甚至是机构间权力的再分配，因而"双合"改革不可避免地将触及位于改革深水区的法律问题。以监察委员会改革为例，机构间的合并与合署办公，将对既有法律甚至宪法中权力分配的格局造成一定程度的冲击。党的十八届四中全会以来，法治中国建设成为社会主义现代化建设中的重要目标，重大改革于法有据、先破后立等观念正在成为改革过程中的主流。为此，在"双合"改革过程中，应着力加强相关法律审查工作，确保"双合"改革在法律框架下进行，对于部分不宜继续适用的法律法规，应按照程序先行修改，对于涉及重大体制调整的法律问题，应当提交全国人大及其常委会，以谨慎修法、合理授权等方式保障"双合"改革的合法性问题。

再次，在组织保障层面，"双合"改革作为一项精简机构的改革举措，势必造成机构与编制的精简裁汰，因此必要的组织保障将成为"双合"改革稳步有序推进的坚实基础。对于机构合并而言，对精简分流出的人员应有科学合理的安排，一方面应当强调必要的组织原则，做到在机构合并的过程中干部人事"能上能下，能进能出""能者上，平者让，庸者下"，真正形成新单位的工作战斗力和凝聚力；另一方面则应当妥善安置转待调人员，综合利用进修学习、下派挂职、安排相关人员到适合他们的岗位进行工作，尽力实现"人尽其才，人岗相适"。在机构合并的过程中，对职能重复或职能相关的部门原则上应做到合并设立，对职能上下联动的部门通过科学合理的机构设置，提高机构运转绩效，特别是提升行政审批效率，从而在组织上保障"双合"改革的运作成效。

最后，在技术保障层面，"双合"改革的终极目的是借助科学的权力结构建设服务型政府。相比于管制型政府，服务型政府更加注重供给侧（民众）的现实需要。当前，大数据、云计算等"互联网+"的发展方兴未艾，利用大数据技术开展公共服务正在成为服务型政府建设的新趋势。传统管制型政府受制于现代治理技术的不完善，机构林立、人员冗杂、流程繁复等弊端成为其运行中的典型特征；而随着治理技术的不断发展与完善，不仅二维层面的政府流程再造成为可能，利用大数据、云计算开展政府流程的三维改造也成为现实。行政流程从点对点联结到平面联结再到立体互动的转换，将呼唤政府机构的进一步改革。为此，"双合"改革应积极适应行政技术的发展而革新思路，依托大数据、云计算及"互联网+行政"的技术革新，积极推进机构间的整合与重组，在打破旧有行政权力分配格局的体制下探索建立适应网络化治理的新型机构设置体系。

第三章 "经营型政府"及其
制度逻辑

第一节 地方增长经营型政府的制度逻辑
——以"苏南模式"的变迁为例

一 地方增长经营型政府：当代中国地方高效治理的核心逻辑

近年来，诸多海内外学者关注到了改革开放以来长达数十年的中国经济增长奇迹现象，并试图对此做出各种层面的理论建构。"财政联邦主义"[①]、"地方发展型政府"[②]、"地方企业家型政府"[③]、"行为联邦

---

① F. A. Hayek, "The Use of Knowledge in Society," *The American Economic Review* 4 (1945): 519–530; C. M. Tiebout, "A Pure Theory of Local Expenditures," *Journal of Political Economy* 5 (1956): 416–424; W. E. Oates, *Fiscal Federalism* (New York: Harcourt Brace Jovanovich, 1972).

② 郁建兴、高翔：《地方发展型政府的行为逻辑及制度基础》，《中国社会科学》2012 年第 5 期。

③ 张汉：《"地方发展型政府"抑或"地方企业家型政府"？——对中国地方政企关系与地方政府行为模式的研究述评》，《公共行政评论》2014 年第 3 期。

制"①、"锦标赛体制"②、"政企统合治理"③ 等理论假说分别从不同的视角出发探讨了中国地方政府治理高绩效产生的原因,并试图回应中国经济增长的奇迹之谜。但在考察中国整体经济增长的逻辑时,首先应当观察到中国与其他国家或地区的区域增长模式之差异:首先,中国的经济增长具有浓厚的政府主导特征,中国地方政府深度介入地方的经济增长之中,对经济增长的指标、路径都有严密的规划,甚至亲自参与到经济的增长活动之中,这与完全市场化的经济增长模式有着显著区别;其次,中国政府掌握着大量的土地、资本等生产资料,这是其他国家和地区所不具备的。这两点差异形塑了中国区域经济增长的"增长主导性"与"资源经营性",故而有必要从这两点出发加以考察当代中国地方政府的治理模式。

基于"增长主导型"与"资源经营型"的基本特征,中国的地方治理实质上形成了一种"地方增长经营型政府"的核心逻辑。所谓"地方增长经营型政府",是指以 GDP 考核为导向的地方政府对生产资料的经营性运作模式。这里涉及三个基本的方面:首先,"增长"意味着地方政府的行为逻辑是以区域经济增长,特别是表现在以 GDP 数据为代表的可量化的数据之上。鉴于中国封建时代缺乏数目字管理的缺陷,④ 现代中国的国家治理十分重视可量化的考核指标,其中在经济增长这一核心任务中最为关键的数字即为 GDP。由于其指标的可量化性以及可基于地域层层分解的特性,GDP 考核成为纵向府际重要的干部考核指标。其次,"经营"意味着地方政府的行为逻辑是以对所掌握的

① 郑永年:《中国的"行为联邦制"——中央-地方关系的变革与动力》,东方出版社,2013。
② 周黎安:《中国地方官员的晋升锦标赛模式研究》,《经济研究》2007 年第 7 期;周飞舟:《锦标赛体制》,《社会学研究》2009 年第 3 期。
③ 陈国权、毛益民:《第三区域政企统合治理与集权化现象研究》,《政治学研究》2015 年第 2 期;周鲁耀:《"统合治理":地方政府经营行为的一种理论解释》,《浙江大学学报》(人文社会科学版)2015 年第 6 期。
④ 黄仁宇:《万历十五年》,三联书店,2014。

生产资料的经营性运作为核心。土地、资本既是经济增长的核心资源，又是生产资料的基本范畴。执政党通过革命逻辑构建的土地公有制与资本国有化使各级政府在当代中国国家治理过程中掌握着广泛而关键的核心生产资料，从而为地方官员开展土地与资本的经营奠定了基础。最后，"增长经营型"意味着地方政府的行为逻辑是"为增长而经营"。在中国现行的干部管理体制下，上级政府对下级政府的干部考核主要依据 GDP 等可量化的考核指标进行官员的选拔与晋升，地方经营作为重要的实现考核指标的手段，由此成为地方政府首选的治理模式。此外，为了兑现执政党对人民的承诺，地方经济的增长不再仅仅作为地方的经济任务，而转变为地方官员的政治目标。因而"增长经营"一方面被赋予了经济增长的目标，另一方面则被赋予了政治承诺的内涵，这种双重内涵的互动形塑了中国特色地方治理的"政治经济学"。

二 中央—地方财政关系的历史嬗变：地方增长经营型政府的经济基础

"地方增长经营型政府"的形成，在相当程度上取决于中央与地方政府间的财政关系。中央和地方政府间财政关系的变化深刻地影响了地方政府治理的经济基础，进而塑造了"地方增长经营型政府"的制度变迁历程。图 3-1 展现了 1953~2002 年中央财政收支比重差值的变化。通过对比，可以将中华人民共和国成立以来的央地财政关系划分为四个阶段。

第一阶段（1953~1958 年）：这一阶段的特征是中央财政收入与支出均占主要部分，并且收支相抵，中央略有结余。这段时间由于抗美援朝和社会主义经济建设的需要，中央高度集中财政权，从而积累了相当的资本用于支持现代化建设。需要注意的是，1958 年与 1959 年的拐点

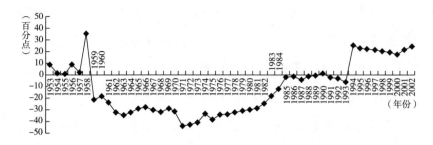

图 3-1　1953~2002 年中央—地方财政情况对比示意

注：纵坐标表示中央财政收入占央地财政收入百分比减去中央财政支出占央地财政支出百分比。

资料来源：《中国财政年鉴（2003）》，中国财政杂志社，2003。图表系笔者依据相关数据自行绘制。

数据是由于"大跃进"期间，全国建设性投资过度释放所导致的异常。[①]

第二阶段（1959~1984 年）：这一阶段的特征是中央财政严重收不抵支，并且中央的财政收入占比跌落至历史低值。"大跃进"期间的权力下放使在这一运动结束后，央地的财政权力结构关系并未恢复原状，而是保持了"头轻脚重"的格局。在这一时期，中央的财政调控能力是相对不足的，例如在"文革"期间及改革开放初期，中央对于"上大项目"是十分谨慎的，[②] 这也从一个侧面反映出了中央在财政能力上的不足。

第三阶段（1985~1993 年）：由于受上个阶段的影响，中央财政无

[①] 需要观察到，在"大跃进"初期，中央—地方财政收入与收支差值之间存在了一期差值，这是由于 1958 年财政支出的倒挂造成的。可以看到，在 1958~1961 年的"三年困难时期"，地方财政支出出现了反常性的增长，随后在 1962 年的"调整、巩固、充实、提高"中，又几乎回落到原水平。

[②] 例如，1979 年第二汽车制造厂向中央递送的发展建设报告，被李先念批复："目前国家财政非常困难，决不允许下面乱开口子"。参见中共湖北省委党史研究室、鄂豫边区革命史编辑部、湖北省新四军历史研究会主编《纪念李先念诞辰 95 周年文集》，中央文献出版社，2005，第 422 页。

力承担大量的支出任务，同时由于"百万大裁军"等降低财政支出的重要政策的实施，中央财政支出占比不断压缩；而与此相反，地方随着改革开放所留存的"红利"却充实了地方的财政能力。在此阶段，中央与地方间的财政关系的倒挂更为深入，中央在实质上难以实现其"总揽全局，协调八方"的职能。在经历了 20 世纪 80 年代末 90 年代初的财政危机后，中央开始迫于经济改革所造成的压力，从而试图调整央地间的财政关系。

第四阶段（1994～2002 年）：在这一阶段，中央推出了"分税制改革"的改革模式。分税制改革彻底改变了中央与地方间的财政比重格局，改革后中央财政收入占比大幅增加，几乎与地方财政收入占比持平，但中央财政支出占比却延续了第三阶段的低支出水平，从而使财政收支比重的差值出现了倒挂，中央财政收支比重差值达到近 20 个百分点，从而使地方财政出现收不抵支的困难情况，进而导致地方"吃饭财政"现象的出现。在这种情况下，地方财政将面临十分困难的境地。地方政府一方面仅保留有限的财政收入水平，但另一方面又需要实现 GDP 考核的增长目标。那么，地方财政将通过何种方式摆脱这种困难的境地呢？这需要从 GDP 与财政收入两个方面加以分析。

首先，对于地方政府的 GDP 而言，基于 GDP 考核的晋升锦标赛机制使地方官员出现了"为增长而竞争"的博弈格局。对 GDP 指标，特别是 GDP 增长率的追求成为地方政府官员的"政治任务"。但是 GDP 作为一个客观指标，存在其固有的增长规律，那么地方政府应当如何促进 GDP 的增长呢？就 GDP 的构成而言，在三种 GDP 核算方法中，支出法 GDP 以其便捷性与相对的可靠性成为主流核算法，支出法 GDP 的计算公式如下所示：

$$国内生产总值（GDP）= 消费（C）+ 投资（I）+$$
$$政府购买（G）+ 净出口（X-M）$$

这里以改革开放以来比较典型的区域增长模式——温州模式、苏南模式和珠江模式为例加以分析。这三种模式分别从 GDP 核算的不同层面促进了 GDP 的增长：其一，对于温州模式而言，它主要通过促进生产和流通增加居民消费的可能性和消费质量，亦即通过生产流通间接促进消费的模式。因此，温州模式的着眼点在于 GDP 核算的"消费（C）"层面。其二，对于苏南模式而言，它主要通过促进居民与政府投资扩大 GDP 规模，在苏南模式的早期主要是通过集体经济自我剥夺形成的"原始积累"，[①] 而当苏南模式完成其起步积累后，则主要依靠政府主导型的投资。但总体而言，苏南模式的着眼点在于 GDP 核算的"投资（I）"层面。其三，对于珠江模式而言，它主要通过外向型经济，即通过"三来一补"的出口型发展模式，进而增加 GDP 核算的"净出口（X-M）"比重从而实现 GDP 的增长。从这里的分析可以看出，三种有代表性的地方区域发展模式都紧扣 GDP 增长的关键因素，从而在改革开放初期获得了较高的 GDP 增速，进而实现了区域经济的崛起。

但是在分税制改革前后，基于消费、投资与净出口的发展策略均遇到了客观上的困难：温州模式受制于其小规模、家庭作坊式的生产经营，其通过生产拉动消费的能力出现不足，从而使其对 GDP 增长率的贡献逐渐减小；珠江模式则受制于国际客观环境，当面临全球性经济危机或中国的国际环境恶化时，这一模式将受到沉重打击；而苏南模式中投资的因素则演变为"政府投资"，在日益激烈的区域竞争中生存下来，并逐步发展成为中国经济增长的新动力。由于 GDP 核算中的四项因素中，"消费（C）"受制于民众自身的需求，"净出口（X-M）"则受制于国际环境，"投资（I）"则分为两部分，对于私人投资而言，这依然是政府相对难以控制的部分，但是对于政府投资而言，这是能够

---

① 温铁军等：《解读苏南》，苏州大学出版社，2011。

被政府高度控制的部分；此外，"政府购买（G）"项也能被政府所高度控制。① 因此，在绩效导向下的地方"为 GDP 而增长"的模式下，政府易于控制的政府投资与政府购买对于提升地方 GDP 具有决定性的作用，故而政府主导的经营型发展模式成为摆脱分税制下 GDP 增长困局的有力手段。

其次，对于地方政府的财政收入而言，虽然政府主导能对地方的GDP 增长起到决定性的作用，但是政府主导型经济发展的基础在于政府掌控大量的财政资源，当政府的财政资源面临不足时，其治理能力将会下降，从而难以实现地方 GDP 增长的目标。经过各地的实践，地方政府在既有分税制约束条件下不得不将财政收入聚焦于非税收入中的"土地出让金"之上。由于在分税制改革中，对行政事业费的规制划分尚未被纳入体制中，地方政府在中央开的这个"口子"中寻求到了增加财政收入的潜力，即开展基于土地的政府经营模式。政府主导型土地经营通过土地征收与出让的价差为地方政府提供了源源不断的"土地财政"收入②，这一土地财政收入在部分地区甚至超越一般性财政预算收入成为地方政府收入的主要部分，故而基于土地财政的"经营辖区"模式被各大城市纷纷效仿，进而成为地方增长经营型政府的财政新来源。

苏南地区在中华人民共和国成立以来所形成的独特发展模式被公认为"苏南模式"，"苏南模式"的发展逻辑实质上是典型的地方增长经营型政府制度变迁史。本节接下来的分析将以苏南模式的变迁为例，探讨地方增长经营型政府的内在制度逻辑，并在案例研究的基础上，对地方增长经营型政府的转型与未来走向展开研究。

---

① 陈国权：《地方治理的经营与集权》，《中国社会科学报》2016 年 3 月 30 日。

② 以 2015 年为例，地方本级一般公共预算收入 82983 亿元，其中国有土地使用权出让收入 32547 亿元。"土地财政"占地方财政收入近四成。参见中华人民共和国财政部网站，http：//gks. mof. gov. cn/zhengfuxinxi/tongjishuju/201601/t20160129_1661457. html。

三 "经营企业"：财政包干制下苏南乡镇工业的发展

（一）改革开放前后苏南乡镇工业的发展

苏南模式的特点在于通过乡镇集体企业的快速发展，走"先工业化，再市场化"的区域经济发展之路。虽然这种模式并非苏南地区所独有，但苏南地区的乡镇企业兴起最早，发展最快，也最先引起政府关注并得到政策支持，并最终成为这个地区经济增长的主要推动力量。乡镇企业也成了苏南发展模式的典型。

苏南地区农民自主组织发展工业的历史可以追溯到"文革"时期。1969 年前后，城市工业开始停工停产，工业产品的生产难以得到保障，城市居民生活受到很大影响。由于苏南地区的城市工业以轻工业为主，生产活动得以转移到农村地区，加之"上山下乡"的知识分子和下放干部的牵线搭桥，农村工业就此开办起来。1970 年，江苏省社办工业产值 4.09 亿元，较上年增长 70.41%；队办工业产值 3.10 亿元，较上年增长 34.78%。至 1974 年，社办工业产值已经达到 17.22 亿元，占全省工业总产值的 5.46%，队办工业也实现了 5.87 亿元的产值。[1]

党的十一届三中全会之后，苏南乡村工业在改革开放精神的引导下迎来了新一轮迅猛发展，特别是在 1984 年中央 1 号文件和 4 号文件发布之后，苏南乡镇工业出现了 5 年的高速增长期，年平均增长率达到 37.72%。[2] 乡镇工业经过 5 年的高速发展，已经成为江苏省非常重要的产业形式，它的发展状况对全省的经济增长产生了重要影响。

---

[1] 温铁军等：《解读苏南》，苏州大学出版社，2011。
[2] 据《江苏统计年鉴（2000）》和《江苏省志·乡镇工业志》计算。

（二）政府经营企业——"苏州模式"初期的财政收益方式

改革开放以来，苏南地区乡镇企业的数量不断增加，吸引的劳动力数量日益增长，其在经济增长中的地位快速提升，已经成为当地经济发展中不可忽视的力量。苏南乡镇企业的兴起，一方面是由于乡村集体自发组织的工业发展，另一方面地方政府直接参与乡镇企业的运营则发挥了更为重要的作用。

地方政府参与乡镇工业发展，主要表现在优化农村生产力要素的配置方面。在乡镇企业建立之初，地方政府给予资金、土地的支持，而在企业运营期间，政府又在材料供给、政策优惠等方面提供帮助。20世纪80年代，村办企业占地由乡镇组织划拨的比例达到41.26%，创业投资中政府机关以及政府官员出面担保的占48.5%；而在企业生产原材料的来源中，有37.3%来自政府的分配。[①] 地方政府拥有的体制资源优势形塑了这种生产要素的配置方式，它能够更集中地利用生产要素，并较好地降低交易成本，从而提升政府投资的效率。政府通过行使企业经营领域的各种决定权——如税收减免、技术支持、人才培养等，从而通过资源配置与政策优惠等经济和政治手段引导企业创造更高的效益，进而实现政府经济增长与城市发展的核心目标和重要布局。

除此之外，承包责任制作为产生企业管理者的方式，不仅没有削弱地方政府对企业的控制，反而有利于企业生产效率的提高。在这种制度下，地方政府保留了利润分配权，厂长负责企业的日常管理，掌握包括企业的人事任命、发展、投资、生产线等方面的决策权。地方政府则通过明确厂长在上缴确定利润以外的收入约定，从而利用收入激励的策略保障企业运营的效率。

地方政府通过资源配给、政策优惠、工厂管理等方式，实现了对乡

---

① 温铁军等：《解读苏南》，苏州大学出版社，2011。

镇企业的强力干预，这种干预极大地提升了企业建立并壮大的速度。苏南地方政府之所以愿意耗费精力推动乡镇企业的迅速成长，其中一个重要原因则在于乡镇企业的利润能够对政府的收入产生直接的影响。20世纪80年代初，央地之间的财政关系是财政包干制，按照财政包干制的制度设计，地方政府只需按照约定的比例将财政收入的一部分上缴给上级政府，而剩余财政收入则可以灵活支配。这种超支不补、结余留用的制度，使地方政府有着极大的动力通过发展经济来增加财政收入。此外，财政包干制只要求地方政府将税收部分按比例上缴，地方税与非税收入等预算外收入则无须上交。1978~1989年，江苏省乡镇企业缴的纳税金由3.77亿元增长至31.53亿元，占全省财政收入的比重也由6.1%增长至25.4%。① 除了缴纳的税金逐年增长，乡镇企业对地区财政收入的贡献明显上升之外，缴纳税金总额的增长速度远大于所得税的增长速度，而这些所得税之外的上缴资金正是地方政府不需要和上级政府分享的预算外收入。因此，地方政府通过乡镇企业的发展，实现了财政收入特别是预算外收入的快速增长。这一财政收益对于推动苏南的区域经济发展奠定了重要的财政基础，极大地促进了苏南经济增长的自循环进程。

四 "经营园区"：乡企改制与外向型经济的发展

乡镇企业的发展推动了苏南地区快速的经济增长，也在较大程度上解决了农村闲置劳动力的问题，还给地方政府创造了大量的财政收入。乡镇企业在区域发展中的重要作用，使地方政府采取了积极的直接干预的方式对乡镇企业的成长加以规划与控制。进一步地，这种来自政府的干预推动了乡镇企业生产经营规模以"滚雪球"的方式不断扩大，进

---

① 据《江苏省志·乡镇工业志》计算。

而对当地经济发展产生了更高额的回报。

虽然传统的苏南模式取得了极高的经济绩效，但其在 20 世纪 80 年代后期遇到了发展上的瓶颈。1989 年和 1990 年，江苏省村办工业产值增长率分别回落到 12.55% 和 11.59%，这一数据远低于 80 年代前期近 40% 的年增长率。特别是在 1996 年以后，乡镇企业的发展便停滞不前，甚至出现了负增长。[①] 图 3-2 显示了 1984~1997 年江苏省乡镇企业员工数量和总产值的增长速度。虽然乡镇企业的产值在 1991~1995 年也实现了快速的增长，但企业人数已经大致不变，也就是说，这一时期的产值增长，并不是如同前一阶段通过建立新企业或扩大企业规模的方式加以实现的。乡镇企业之所以能够在规模大致不变的情况下实现产值的快速增长，这得益于政府主导下的乡企改制。学者们将这一时期苏南地区的发展模式称为"新苏南模式"，"新苏南模式"的核心在于政府经营逻辑由"经营企业"向"经营辖区"的转变。这一转变经历了"乡企改制"到"经营辖区"的两个阶段。

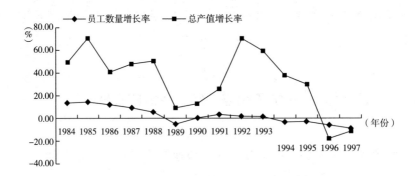

图 3-2　江苏省乡镇企业员工数量与总产值增长率

资料来源：江苏省地方志编纂委员会主编《江苏省志》，方志出版社，2000。图为笔者自制。

---

① 温铁军等：《解读苏南》，苏州大学出版社，2011。

（一）市场结构转变下的乡企改制

　　新苏南模式发端于股份制改革和大中型企业扶持政策这两种政府主导的改革策略。苏南地区乡镇企业在资金紧缺的情形下采用"增量股份制"的方式筹集资金。在 1990 年和 1992 年农业部发布《农民股份合作企业暂行规定》和《关于推行和完善乡镇企业股份合作制的通知》两份有关乡镇企业股份合作制的文件后，江苏省乡镇集体企业的产权制度改革进一步深化，并在产权明晰、资金筹集等方面开展了大量探索，随之改变了企业的经营机制。截至 1993 年，江苏省的乡镇股份合作制企业有 7630 个，占乡镇企业总数的 25.54%；1994 年乡镇股份合作制企业数量进一步增加到 14100 个，占 47.21%。与此同时，地方政府对于乡镇企业规模经济的发展也尤为重视。1991 年 6 月江苏省委、省政府提出的《关于扶持乡镇企业调整、提高和发展若干政策的请示》，给出了 13 条扶持骨干乡镇企业的政策措施；同时确立了第一批由省乡镇企业管理局审定的"乡镇大中型企业"，这些企业将参照大中型国有企业享受相关的扶持政策。在这种重视发展大中型企业的思想下，1990~1997 年成为苏南地区乡镇企业规模经济迅速发展的时期。在 1990~1994 年的 5 年时间里，苏南地区乡镇企业中符合国家划型标准的大中型企业个数从 67 个增加到 502 个，实现产值也从 265 亿元增长到 604 亿元。此外，除了在数量层面，这些大中型乡镇企业的经营规模也有明显的扩大——1994 年 502 家大中型乡镇企业的平均固定资产达到 3213.50 万元，是 5 年前的 2.32 倍；平均实现的工业产值也从 3955.70 万元增长到了 1.20 亿元，年增长率达 24.90%。[①]

　　正是在这样的乡企改制下，江苏省乡镇企业实现了图 3-2 中的变化，即在企业数量以及雇佣工人数量大致不变的情况下，实现了 1991~

① 本段相关数据资料参见温铁军《解读苏南》，苏州大学出版社，2011。

1995 年总产值的高速增长。在国内经济环境剧烈变动的情形下，苏南地区地方政府转而强调乡镇企业质的发展，不仅使乡镇企业再次壮大，也使苏南地区进入了又一个经济快速增长的时期。

（二）外向型经济——地方政府的园区经营

虽然改革使苏南乡镇企业重新焕发活力，但分税制改革使这种政府经营企业获取财政收入的手段不再高效。这项从 1994 年起开始确立的税收分享方案，使中央与地方政府在企业税收上的划分不再考虑企业的从属关系——所有地方企业的主体税种增值税，中央政府都将获得75%，而且无须承受企业经营的风险。这样一来，地方政府通过扩大其拥有的乡镇企业的经营规模从而获取财政收益的方式开始变得缺乏效率。为此，苏南地区将增长模式转向利用外资开展的园区经营。

1992 年邓小平南方谈话以后，苏南地区把握到了新加坡产业输出的重要机遇，开发建设了苏州工业园区，从而有力地推动苏南地区由经营企业向经营园区的转变。海外优秀企业具备先进的产业、领先的技术、优秀的人才、充沛的资金，引入外资投入工业园区的开发与建设，将有助于区域经济的长远发展。基于这样的考虑，1988 年 3 月，江苏省委、省政府在《关于加快发展外向型经济若干问题的意见》中强调了"扩大吸收外商投资，加快利用外资的步伐"，并下放了吸收外商投资的审批权限，苏州、无锡、常州三个苏南地区的城市都获得了与省级政府相同的审批权；同年 5 月，审批权限进一步下放，授权各市允许给下辖县（市）一定额度的审批权。1992 年江苏省政府《关于加快改革开放促进经济发展若干问题的决定》出台了简化三资企业审批手续、扩大外商批租土地规模等政策。1996 年江苏省政府《关于积极合理有效利用外资的若干政策意见》给予了外商投资的生产项目相应的税费减免——经营期 10 年以上可享受所得税 2 年免税、3 年减半的优惠，投资于农林渔牧或高新技术的外资企业还能获得额外的税收优惠。这样的优惠政策使江苏省外向型经济迅速发展，而在苏南地区这种政策上的支持更为明显，外资引进规模也快速扩大。以苏州市为例，除了执行江苏省政府的"两年免税、三年减半"的优惠政策之外，还分别对工业园区和高新区内的企业提供进口原材料免征关税、增值税，以及六年税收减半的政策。在土地供给方面，苏州市政府也凭借在土地资源的支配权，以低价出让土地的方式吸引外商投资，极大地降低了外资企业在苏州投资的成本。在这种政府支持下的园区开放型经济的快速发展中，地方政府的财政收入得到极大增加。苏州市的涉外税收由 2000 年的 62.2 亿元增长到 2005 年的 241.3 亿元，年均增长率超过 30%。[①] 正是通过园区经营积累的财政收入，苏州市的财政实力不断增强，并在城市建设等领域发挥了重要的作用。

五 "经营辖区"：择商引资与城市经营的进一步发展

苏南地区外向型经济的成功，使通过经营园区发展区域经济的发展模式在全国范围内推广开来。通过与外商合作开设工业园区并创办合资企业，不但能够解决资金、技术、市场的问题，还能够使当地政府在财政收入、出口创汇、GDP 政绩创造等方面取得进展。因此，地方政府间出现了竞相提供优惠政策的引资竞争。但是，这种外资依赖下地方经济的发展势头随着 2008 年的全球金融危机而有所减弱。特别是在 2010 年 4 月 12 日，国务院发布了《关于进一步做好利用外资工作的若干意见》（9 号文件），明确对重污染、高能耗及产能过剩的产业的进入设置了严格的限定，也表示了对高端制造业、高新技术产业、现代服务业、节能环保产业的海外投资的欢迎。同时还对地方政府可以提供的优惠条

---

① 温铁军等:《解读苏南》，苏州大学出版社，2011。

件，如低额土地出让金、税收减免等做了限制。9 号文件最后进一步指出，要"坚持以我为主、择优选资，不断提高利用外资质量"。

为此，苏南地方政府对外资的利用开始了由"招商引资"向"择商引资"的转变，并从"规模扩张"向"质量增进"过渡。在经济发展的新阶段，地方政府开始强调将传统的高投入、高消耗、低效率、难循环的粗放型经济发展模式转向少投入、低消耗、高效率、循环化的集约型发展模式，将利用外资与产业结构升级、经济发展方式转变紧密结合，积极参与国际产业分工与合作，在更高层次上承接国际产业转移等方面的举措。近年来苏州市的政府工作报告对于"高质量"外资的重视程度在这个时期有了明显的提高。相比于 2004 年"突出招商引资的生命线作用，进一步增强抓招商、促发展的责任心和使命感，进一步营造上下一心抓招商、人人都是投资环境的发展氛围"，2015 年"突出国家级开发区的龙头带动作用，推动开发区发展由追求速度向追求质量转变，由政府主导向市场主导转变，由同质化竞争向差异化发展转变，由硬环境见长向软环境取胜转变"的提法，显然更体现了地方政府改善外资结构、"择商引资"的决心。① 由此，苏南模式在转向"经营辖区"的过程中进一步实现了区域与城市发展的良性前进。

六 结语

地方增长经营型政府是在中国国家治理的大背景下央地纵向府际关系的具体表现形式。一方面，由于中央对地方的政治控制，地方官员的任免与升迁取决于上级政府的决策权，中央政府对民众承诺的经济发展目标有赖于通过政治控制的传导机制通过地方政府来加以实现；另一方面，由于中央和地方政府间财政关系的调整，地方财政在受到限制的同

---

① 相关资料为笔者通过调研获得。

时拥有了一定的自主性空间，地方政府可以通过在政策允许的空间内自主探索实现区域经济增长的路径与方式。在这样一对互动的纵向府际关系之下，地方政府在实现经济增长的目标的同时，会不断利用手中所掌握的资源，从而在实现中央经济增长大目标的前提下，探索适用于本地区的增长经营模式。苏南模式作为地方增长经营型政府中相对成功的模式，为地方区域发展探索了高速、稳健、可期、可控的发展路径，并为其他地方政府所复制。这也在一定程度上证明了地方增长经营型政府运作模式的有效性，但不应忽视的是，地方增长经营型政府过度依靠政府所掌握的生产资料加以运作，一方面有悖于中央在经济新常态下倡导的"让市场发挥决定性作用"的核心精神，另一方面则增加了地方官员在运作过程中的廉政风险。近年来反腐败斗争中出现的典型案例多发生于开发区、产业经营、行政审批等政府增长经营的核心部门，因此，通过转变政府职能，推动地方增长经营型政府向政府、企业、社会共治型地方经济发展的新模式，是适应于新常态下地方区域发展的可行之策。

第二节　政府公共性视角下的公益与逐利双重性：基于优质基础教育择校政策的案例分析

一　问题的提出

政府公共性问题始终是公共管理学的核心问题。无论是从政府的起源还是从政府的运行来看，代表和维护公共性价值都是政府天然的特征和职责。对于政府公共性而言，公益性是探讨的逻辑起点。政府是天然的公共性组织，在传统的公共管理理论看来，政府的非公共性意味着公职人员存在公权力的非公共运用行为，从某种意义上而言，这种公权力的非公共运用就意味着腐败。因而，传统的公共性强调公权力的公益面向，而反对公权力的逐利面向。随着"行政国家"的日益深化，对行政效率的追逐成了公共管理理论转变的导向。新公共管理运动在这一背景下应运而生，它通过借鉴企业管理领域的效率观、质量观及服务观，将"企业家政府"理念引入公共管理，从而克服了传统官僚体制效率低下、缺乏服务精神的弊端。然而，新公共管理所推崇的效率观旨在通过政府自身运作的优化，进而提升其行政效率，企业家政府亦仅指在政府管理的过程中将企业家精神加以引入，而非要求政府像企业一样运作。因此从这一意义上说，既有的公共管理理论都将政府自身的逐利面向排除在政府的公共性之外。

但是中国作为后发国家，面临着巨大的赶超压力——"落后就要挨打"成了当前压力型体制下绩效合法性模式的现实注解。为了破解中国作为后发国家的赶超压力，采取发展型政府的策略便势在必行。①近年来，以"政企统合治理"为代表的经营型政府运作模式表明，中国的政府治理在现实中存在逐利性的一面；而诸多以户籍、身份等为条件的差异化给付型公共政策亦表明，城市治理中存在某种"公共性边界"。在城市政府的治理中，政府通过"逐利性"行为所获得的收益，往往与给付型公共政策的提供能力存在正相关的关系。

基于此，本节提出这样的研究假设，即政府的公共性是有边界的，政府仅对（或优先对）边界内的居民提供公益性的公共服务，对边界外的居民则提供（或优先提供）逐利性的公共服务。因此，政府只在特定的边界内具有公益性。超越这一边界，政府是一个逐利组织，于是构成了政府公益性与逐利性的双重角色。政府公益性行为强调公平性，而政府逐利性行为强调高效率，但这两种不同逻辑的政府行为是共同的

---

① 郁建兴、高翔：《地方发展型政府的行为逻辑及制度基础》，《中国社会科学》2012 年第5 期。

政府主体完成的，这决定了政府行为逻辑内在的冲突与矛盾。但在发展型政府的背景下，我们需要一个既具有公益性但同时又有逐利效能的政府存在，从而保障政府兼备运作的高效率与基本的公平性。政府强大的财政能力是实现公益性的根本保证，但在现实之中，必须考虑公共政策的客观环境。社会效率与社会公平紧密联系在一起，没有效率的社会是不可能真正实现社会公平的。① 当政府在短时间内还无法真正做到保证均等化的基本公共服务时，公共服务的提供必然是以牺牲一部分人的代价换取另一部分人的效用。因此，政府需要在公益性与逐利性的钟摆两端之间取得巧妙的平衡。

以此观之，体现政府公共性的价值基础该是什么？我们究竟需要什么样的现实状态中的政府？是公益性的还是逐利性的？还是两者兼而有之？我们如何看待政府的逐利性？或者说，政府的逐利性在怎么样的边界和限度下是合理的？在一定边界外，政府是否能将逐利性控制在促进公益性与社会的协调发展的限度内？本节旨在对这些问题加以回答，并试图解构发展型政府背景下政府公益逐利双重性的内在逻辑。

二 政府公共性理论：一个文献回顾

政府公共性是一个具有特定价值色彩的历史范畴，其内涵随着时代的发展而变化。柏拉图、亚里士多德、霍布斯、洛克、孟德斯鸠、卢梭、康德、马克思、罗尔斯、阿伦特、哈贝马斯等思想家无不论及国家及其存在形式——政府的"公共性"的本质特征。进入近代，以社会契约论为代表的国家理论，主张政府的权力来源于民众自然权利的让渡，这一理论经历了由霍布斯（自我保存）到斯宾诺莎（政治自由）

---

① 陈国权、王勤：《论社会公正与政府的公共性》，《政治学研究》2004年第4期。

再到洛克（法律与法治）然后到卢梭（社会平等）的逻辑发展过程。[①]
卢梭由社会契约论推演出人民主权论并使之成为政府公共性的理论前
提。政府作为人民权力的被授予者和委托权力的执行者，应当从保障公
共利益的起点出发，制定与执行公共政策。公共利益亦被表述为"构
成一个政体的大多数人的共同利益，它基于这样一个思想，即公共政策
最终应该提高大家福利而不只是几个人的福利"[②]。现代政府理念蕴含
"公共性"共识，但"公共性"的复杂性本身隐含了诸多问题，认识角
度也各有侧重：罗尔斯以公平的正义为公共性，主张自然法论的公共性
观点；哈贝马斯以协商共识为公共性，主张"批判"型的公共性观点；
卢曼以合法至上为公共性，主张"合法至上"型的公共性观点。[③]

不同时代背景下对政府公共性有不同的要求，但实现公共利益、提
供公共产品、满足公共需求是所有政府公共性中的共同内容。公共产品
的生产与提供作为现代政府的主要职能，其基本依据来源于萨缪尔森的
公共物品理论——公共物品在消费中的两个本质特征：一个是非排他
性，另一个是非竞争性。完整体现这两个特征的消费品就是纯粹的公共
物品或者纯粹的公共服务。此后，公共选择学派代表人物布坎南对公共
物品理论进行了补充，提出了混合公共物品理论，指出这类公共物品或
者只具有非排他性，或者只具有非竞争性。[④] 这些物品由于市场供给无
效率或者低效率，满足这些需求的责任主要是政府。政府为公众设立，
公共拥有，主要从公共财政获取资源，以提供公共物品为职责，以公共
服务为目标。政府的公共性决定了它应该追求高质量服务和最大限度的
公民满意。[⑤] 政府职能理念变迁的每一个阶段都蕴含着公平与效率的权

---

① 张传有：《社会契约论与民主政治》，《江苏行政学院学报》2010 年第 5 期。
② 〔美〕E. R. 克鲁斯克、B. M. 杰克逊：《公共政策词典》，唐理斌等译，远东出版社，1992，第 30 页。
③ 参见李明伍《公共性的一般类型及其若干传统模型》，《社会学研究》1997 年第 4 期。
④ 转引自马庆钰《中国行政改革前沿视点》，中国人民大学出版社，2008，第 120 页。
⑤ 参见周志忍《政府管理的行与知》，北京大学出版社，2008，第 333 页。

衡与选择，不同时期对公平与效率的不同侧重必然导致不同公共物品供给方式的选择。一般来说，政府供给更倾向于公平维度，而市场供给则更强调效率维度。

随着全能政府向有限政府的转型，越来越多的学者提出了政府满足公共需求过程中供给职能和生产职能的分离，强调公共利益可以通过不同的途径实现。福利国家的理论和实践更是表明政府强大的财政支持是实现社会福利的根本保证。"公共需要的供应……并不需要它必须有公共生产的管理，正如公共生产的管理并不要求它必须有公共需要的供应。在决定各自的适当范围时，应根据各自非常不同的标准。"[1] 也就是说，在公共服务供给中，政府的供给职能明确了公共服务的责任主体是政府，即政府应该为公共服务承担公益性的供给责任；而对于生产职能，政府可以委托其他组织来实现，以确保逐利的效率和绩效，但在这个过程中，必须坚持公共利益标准。而无论是布坎南的"俱乐部产品"还是奥尔森的"集团产品"都说明任何公共产品都不是独立存在的，都是与某一组织相联系的，是组织内部成员的公共产品，该组织的公共产品对于内部成员具有"消费的非竞争性和非排他性"，对于组织的外部成员则具有"消费的竞争性和排他性"。总之，公共产品的"公共性"是与某个组织相联系的。[2] 奥尔森在集体行动理论中这样论述"除非一个群体中人数相当少。或者除非存在着强制或其他某种特别手段，促使个人为他们的共同利益行动，否则理性的、寻求自身利益的个人将不会为实现他们共同的或群体的利益而采取行动"[3]。公共产品与一定的组织相联系，说明公共产品是有范围的并限定在特定"集团"之内，可以是地方性质的、区域性质的、全国性质的甚至是全球范围的，公共

---

① R. A. Musgrave, *The Theory of Public Finance: A Study of Public Economy* (New York: McGraw-Hill, 1959), p. 18.

② 李成威：《公共产品理论与应用》，立信会计出版社，2011，第7~8页。

③ 〔美〕曼瑟尔·奥尔森：《集体行动的逻辑》，陈郁、郭宇峰、李崇新译，上海三联书店、上海人民出版社，1995，第1页。

产品的范围限定在特定"集团"内，但是为了边界内利益的最大化，提供产品的边界也是在扩大的过程中，同时囿于公共产品的外部性，在某一时期内，这个边界也可能变得模糊不清。

蒂伯特"用脚投票"理论论证了公共性具有区域性的特点，埃莉诺·奥斯特罗姆则提出以收益范围进行层次性划分并以此调节各级政府间的关系，按照受益区域来承担服务成本。"中央政府应该持续地为一种特定的资源的统一决策承担责任"和"中央应该放弃对资源的所有权，允许个人在一组界定明确的财产权范围内，去追求他们自己的利益"。[①]"谁从服务中受益，谁就应该承担该项服务的财政负担，且谁获益较多，就要付出较多。这个概念本质上表现出的内容是，公共服务之收益与提供该服务的成本之间的财政平衡"。"虽然效率准则规定稀缺资源应当被用到其能生产最大纯收益的地方，但公平的目标可能缓解这一目的，致使有利于非常贫穷的人群的设施得到发展。同样再分配的目标可能会和实现财政平衡的目标发生冲突"。[②] 这为效率准则与公平目标的实现提供了一种思路，即在实现公共性的过程中，效率与公平会有冲突。诺斯在分析国家（政府）两个基本目标时指出，国家的第一个目标是企图建立一套基本规则以保证统治者自己收入的最大化，而第二个目标则包含一套使社会生产最大化而完全有效率的产权。这两个目标在很大程度上存在"交替"现象。[③]

可以看到，政府作为社会中最重要的组织，其行为深受其价值取向的影响并随着社会的发展而不断发生变化。由早期的追求行政效率，到注重公平正义，到追求公共服务，再到高质均质的公共需求的满足，本

---

① 〔美〕埃莉诺·奥斯特罗姆：《公共事务的治理之道：集体行动制度的演进》，余逊达、陈旭东译，上海三联书店，2000，第 23 页。

② 〔美〕埃莉诺·奥斯特罗姆、拉里·施罗德、苏珊·温：《制度激励与可持续发展：基础设施政策透视》，陈幽泓等译，上海三联书店，2000，第 128、131 页。

③ 转引自涂晓芳《政府利益论》，北京大学出版社、北京航空航天大学出版社，2008，第99 页。

身就展现出了政府公共性中公益与逐利的逻辑变迁,但是以往对政府公共性的论述大多集中于政府公共性的价值和内涵的探究,把"公共性"看成是公共管理的核心理念,揭示了管理目的的公益性,强调了为公众服务的出发点,是为了追求公共目标和普遍的社会福利,是一种具有价值基础的"公共性",是一个具有公正、公平、公开、平等、自由、民主、正义和责任等一系列内容的价值体系。① 而政府如何获得财政支持实现公共性以及这一过程中的困境和难点,学界却鲜有论述。公共性的规则诉求与实现机制之间存在差异,如同"休谟难题"告诉我们,实然世界有异于应然世界。应然政府的公共性是一种纯粹的、完全的公共性,而实然的政府对公共性的体现却具有公益与逐利双重性。政府是承载公共利益的有形主体,其价值定位是公共利益的代表者,也是一种带有强制色彩的公共性,但是"没有任何一套规则和非正式约束可以被完全实施,总存在一个不完全的程度"②,当我们发现实然政府(尤其是直接提供公共产品的市、县、乡地方政府)越来越凸显一个组织逐利的特征时,公益性与逐利性是不是非此即彼不可调和的对立范畴?逐利性是否必然威胁公益性?公益性是否能带领逐利性走向公共性的回归?

三 案例分析:政府公益性与逐利性的双重面向及其相互转化

为深入剖析上述问题,本节将基于优质基础教育择校政策的变迁过程开展分析。从应然层面,正如罗尔斯教育的公共性所表明的,教育基于正当性或者正义性而关涉公民社会的公共事务及公民品质,③ 因而应

---

① 参见何颖《政府公共性与和谐社会的构建》,《社会科学战线》2005 年第 4 期。
② 〔美〕科斯、诺思、威廉姆森等:《制度、契约与组织——从新制度经济学角度的透视》,刘刚、冯健、杨其静、胡琴等译,经济科学出版社,2003,第 16 页。
③ 〔美〕罗尔斯:《正义论》,何怀宏、何包钢、廖申白译,中国社会科学出版社,1998,第 465 页。

向社会公众开放，提供无差别的公共服务，服务对象是整个社会，不能带有歧视性和排他性。但在现实生活中，基础教育的供给具有很刚性的边界，在边界内具有非竞争性和非排他性，政府基于公益原则提供；而在边界外，基础教育则成为具有竞争性和排他性的产品，其供给基于逐利原则提供。政府通过制度安排实现优质教育资源在社会成员之间进行分配，其政策的演变可以用来剖析政府在分配优质基础教育资源的过程中公共性边界的设定原则以及在此过程中公益性与逐利性的分离与统一。

第一阶段，政府公益性的薄弱与逐利性的缺失。新中国成立之初到80年代初，经济发展落后，面临资源短缺和教育投资有限的实际困境，因此形成了国家对发展基础教育"强大的供给决心与事实上的力不从心"的基本冲突。"用革命的办法发动群众办教育"成了化解这一矛盾的合理的政策选择。[①] 在当时的条件下，政府一方面以"人民教育人民办"的口号式激励模式发动群众自主办学，另一方面将有限的教育资源集中配置，依靠行政手段举办了许多重点中小学，实现精英教育，主要采用"分数择校"的优质教育资源分配方式。[②] 集中资源兴办重点学校虽然在当时的条件下具有积极意义，但其倾斜性政策造成了优质教育资源的聚集与稀缺并直接导致"应试教育"模式的后果。这种教育发展模式内生于计划经济体制，预算管理权集中于中央，中央政府作为教育公共品的唯一供给者，形成了"统一财政、分级管理"的管理模式，教育经费在地区间的差别不大。同时，在这一时期，地方政府对于辖区内公共性教育事业的发展缺乏积极性，甚至挤占、挪用教育经费用来发展地方经济，教育的公共性有所失落。

---

① 邵泽斌、张乐天：《从意识形态到公共精神》，《社会科学》2008年第12期。

② 1952年、1962年、1978年、1980年，教育部先后发布《关于有重点地办好一些中学和师范学校的意见》、《关于有重点地办好一批全日制中小学校的通知》、《关于办好一批重点中小学试行方案》和《关于分期分批办好重点中学的决定》等文件进行重点学校建设。

第二阶段，公益性与逐利性分离，逐利性占主导地位。1985年，随着财政分权改革的展开，地方政府独立利益主体的意识逐渐强化，开始追求财政利益最大化。1986年颁布的《中华人民共和国义务教育法》将"地方负责，分级管理"的义务教育形式以法律确定下来，供给主体从中央政府向地方政府转移。但是各地区政府财政能力的差异是导致不同地区基本公共服务水平均等化实现程度差异的根本原因。这其中与政府的制度安排和优质教育资源的竞争规则密不可分。在较高层政府基础教育财政缺位的条件下，实际承担经费责任的政府和学校通过逐利的方式寻找教育经费来源成为一种现实选择，同时相关法律法规也并未对这种逐利行为做出更多的规范，"摸着石头过河"的渐进式政策缺乏稳定性，甚至起到了不好的作用，设定边界，通过逐利原则提供公共服务成为地方政府的理性选择。择校政策的制定就是在这一背景下，政府利用边界外的教育需求者对优质教育资源的竞价来获得更多的财政收入的一种方式。

在这一过程当中，先是重点学校制度凸显了教育资源的不均衡，后是"应试教育"催生了择校的追逐，最后是"教育产业化"炒热了择校浪潮。[①] 教育产业化过程中产生的"择校就学"现象促进了学校间的竞争，带来了效益，吸引家长把钱拿出来支持学校教育，弥补了学校办学经费的不足，同时可以在不严重损害公平的前提下满足了家长的"择校"愿望。与此同时，可以通过重点学校的招牌吸收社会资源，以相对充沛的资金创造更为优质的特色教育。从这个角度来说，就是用少数有钱人的资金换来了更多人教育条件的改善。随着"择校"的升温，加上优质教育资源的不足，20世纪90年代初期，公立学校中出现了"民办公助""公办民助""校中校"等转制学校类型，这些学校在一定程度上满足了强势群体的教育需求，为家长中的强势群体择校开启

---

① 王晓辉：《择校现象的国际观察与我国的政策选择》，《比较教育研究》2009年第8期。

了道路。家长中的弱势群体在这一博弈过程中处于劣势地位，他们由于没有选择能力而丧失了让孩子接受优质教育的机会，孩子只能"就近入学"。①

第三阶段，在教育收费现象的治理主题中实现政府公益性的价值回归，重新确立政府公共性。1995 年，国家教委发布《关于治理中小学乱收费工作的实施意见》，判定"择校生问题已由高中阶段波及到义务教育阶段的初中和小学"，明确规定"九年义务教育阶段初中和小学必须坚持就近入学原则，不准招收'择校生'，严禁把捐资助学同录取学生挂钩"。1996 年，国务院办公厅转发国家教委等部门制定的《关于1996 年在全国开展治理中小学乱收费工作的实施意见》，要求对"义务教育阶段公办学校现仍在招收'择校生'的，当地政府和有关部门要采取果断措施首先解决好高收费问题"。1997 年，国家教委又颁发《关于规范当前义务教育阶段办学行为的若干原则意见》，提出："用三年左右时间，在全国范围内使义务教育阶段免试、就近入学和不招'择校生'及变相'择校生'的原则能够全面贯彻落实"。教育部更联合了国务院纠风办、监察部、国家发展改革委、财政部、审计署、新闻出版总署等六个部门，从 2004 年至 2010 年，年年重申"禁止择校"令，确保教育领域的公益性。

进入 21 世纪后，中国基础教育先后于 2000 年实现了"普九"、2008 年 9 月实现了全国范围内的"免费义务教育"。2005 年，教育部《关于进一步推进义务教育均衡发展的若干意见》出台，"推进义务教育均衡发展"成为全新战略目标，提出要有效遏制义务教育阶段城乡之间、地区之间和学校之间教育差距扩大的势头。2006 年，《义务教育法》做出修订，明确提出义务教育是国家统一实施的所有适龄儿童、少年必须接受的教育，是国家必须予以保障的公益性事业。实施义务教

---

① 李孔珍：《社会利益结构变迁与公立学校发展新趋势》，《中国教育学刊》2011 年第 12 期。

育，不收学费、杂费。国家建立义务教育经费保障机制，保证义务教育制度实施。2010年教育部《关于贯彻落实科学发展观进一步推进义务教育均衡发展的意见》提出，将推进均衡发展作为义务教育改革与发展的重要任务。2012年，国务院《关于深入推进义务教育均衡发展的意见》提出推动优质教育资源共享、均衡配置办学资源、全面提高义务教育质量等。2012年，浙江省率先实施"零择校"，此后各省市也相继推进，"择校收费"的逐利制度逐渐淡出。可是区域发展的不平衡和优质资源的稀缺依然存在，可以预见的是，优质教育资源的均衡也只是相对的，学校之间的差异不可避免。家庭对优质教育资源的追求无可厚非，无差别的就近入学政策也会继续受到挑战，对教育的竞争性选择也会一直存在下去。

第四阶段，在公益性与逐利性的结合中逐渐实现政府公共性目标。公共产品的稀缺使公共服务的边界确立是一个利益博弈的过程，而利益博弈的结果会使公共性边界更加清晰和更加明确，利益主体的行为更多地受到游戏规则的支配和约束。当"就近入学"成为新的择校规则后，"学区房择校"便成为家长和学生关注的焦点。与优质基础教育相关联的"学区房"入学政策似乎成为新的逐利领域，这也与1994年的分税制改革和地方政府土地财政作用的凸显有密切关联。分税制改革改变了中央和地方政府之间的财政收入比重，使地方政府产生了强烈的创收热情。随着土地市场培育的逐步完善和市场化出让的规范，土地财政的规模和比例一路升高，在北京、上海和杭州等城市，土地财政的收益甚至超过了地方本级财政收入的总额，如2010年，上海市土地出让收入达到1513.43亿元，超过了市本级财政收入（1393.2亿元）。[①] 土地出让金成为地方政府基础设施建设资金的主要来源，地方政府上缴给中央财政的土地出让金所占比例较低，是土地出让金的主要受益者，地方政府

---

① 郁建兴、高翔：《地方发展型政府的行为逻辑及制度基础》，《中国社会科学》2012年第5期。

获得高额的地价回报，于是通过提供各种规划便利等给予房地产商各种优惠政策。

2006 年新义务教育法"地方各级人民政府应当保障适龄儿童、少年在户籍所在地学校就近入学"成为法律条文。虽然"就近入学"成为主导择校方式，但是依然可以通过其他合法途径来选择优质教育资源，实现优质教育资源利益最大化的追求。"就近入学"是民众普遍能够接受的资源分配标准，但是以户籍和居住地为标准的制度使择校利益更加扩大。地方政府在"学区房"施教区划分中享有充分的"自由决定权"，但既有的优质教育资源比较有限，在划分学区的过程中政府的逐利倾向日益明显。"学区房"择校的出现让就近入学的政策遭遇尴尬，有学者认为"学区房"已经成为显示以家庭为单位的竞争力，特别是经济竞争实力的重要标志[①]。同时，地方政府通过迁建名校、名校办分校等方式，与开发商"合作"，以政策的形式要求开发新楼盘时，必须配套学校等硬件设施，或者自主经营学校，或者请名校入驻，制造出"新的学区房"，以教育附加值的形式谋取更可观的利润。"名校集团化"办学成为新的教育选择[②]。集团化办学从一项出自基层学校的探索，逐渐转变为政府介入的制度创新，并上升为一个区域内的组织行为。[③] 笔者在调研中了解到：在开发商和地方政府享受学区房价格上涨所带来收益的同时，地域边界外的家长群体成为实际的付费者，而使这种利益得以实现的机制是：政府"放大优质教育资源，促进教育均衡发展"的政策追求。但是在巨大的利益诱惑面前，教育的公共性品质

---

① 岳伟、黄道主:《彰显教育的公平与公益：城市免费义务教育问题研究》，华中师范大学出版社，2014，第 147 页。

② 笔者在调研中了解到：以杭州市为例，2002 年杭州市求是教育集团是中国第一个以实现义务教育优质均衡化为目标的公办基础教育集团，到 2012 年，杭州市建立教育集团 210 个，成员单位 795 个。其中，全市中小学教育集团 112 个、成员单位 436 个，主城区中小学名校集团化参与面为 70.3%。

③ 徐一超、施光明:《名校集团化——教育均衡发展的实践演绎》，浙江大学出版社，2012，第 1 页。

也受到质疑。[①]

可以看到，地方政府的择校政策经历了"分数择校—择校费—就近入学—学区房择校—名校集团化"的变迁过程。择校方式的改变，并不必然导致公平与否，这些都可以说是政府主导下的教育变革性实践，是满足百姓需求的产物，是化解社会压力与矛盾的结果。但是政府逐利政策的背后，利益集团的共谋以及收益的"非公共"分配使公众很难客观评价逐利性对公共性实现的特殊作用，这也导致公众但凡提及政府逐利性，往往把它与政府腐败现象等同，学者也从政府自利性的角度来论述教育领域的腐败频发，使有关政府逐利性的研究陷入价值困境。就像学者评价的那样，"中国教育公共资源分配似乎落入效率与公平的陷阱，即在无法提高效率的情况下公平的目标似乎也难以很好的实现"[②]。

四 政府的"公共性边界"：公益与逐利双重性的内在逻辑

政府承担政治和公共职能，其政策和制度安排要以公共利益为旨归，公正平等地向社会成员提供公共物品和公共服务。根据罗尔斯差别补偿原则，公正表现为给弱势群体即最少受惠者带来利益补偿，使利益分配尽可能达到公正合理，确保政府公益性。但是公共物品具有外部性，导致市场失灵及帕累托效率无法实现而出现社会福利损失，因此，有关公共物品的公共性价值就应该表现为向帕累托效率的演进。但是在这个过程中，政府机构具有了更为鲜明的对价值权威性分配的职能；通过职能上的分工在更好地完成价值的权威性分配基础上高效地进行物品生产，但是承担物品生产职能的主体以利润为目标导向展开运行从而更

---

① 邵泽斌、张乐天：《化解义务教育择校矛盾为什么这么难》，《教育研究》2013 年第 4 期。
② 刘宛晨、罗中秀：《经济学视角下的教育公平探讨》，《光明日报》2007 年 9 月 2 日。

加有效率地完成物品的供给。但是也增加了供给的决策主体被"利益俘获"的可能性，损失了其公共性价值，① 从而使政府逐利性在政策实现的过程中发生扭曲。

对于地方政府的经济逐利不能简单地予以肯定或者否定。政府的逐利行为也不同于企业或个人逐利的行为，它通过公共政策和制度安排把生产与消费限制在合理的边界内，并决定和影响区域内每个人的利益。边界外的公民为了自我需求的实现"用脚投票"而选择与政府合作，而政府为了标准化的公益需求而选择在边界外以逐利的方式提供公共服务，从结果来看，共同实现了社会公共利益的增值。因此，实际上存在的公共性边界问题展现出当前地方政府的两种行为逻辑和不同的追求目标。

公益性提供了平等的机会，让人们能够在不同的社会阶层相互流动，激发人们的积极性和创造性，是提高社会效率的关键。政府的作用在于划定或维护公共性边界，这种作用可以增进社会福利，也会损害社会福利。用行政手段来划分边界，同样会诱使利益相关者争相影响政府决策，产生"寻租"和腐败。在改革开放过程中，社会和市场自发变革事实在先，制度安排合法化在后，出现社会和市场力量客观上推动制度安排前行的现象，大量的先行者因此而陷入制度安排与创新的矛盾冲突中。试图推出一个一劳永逸的政策安排实现完全均等的公共服务显然与社会实践不相符合。虽然在法律和政策层面，公益性是公共性的基本价值取向，但是事实上逐利现象是大量存在的，关键在于逐利性所得有没有用于扩大优质公共服务资源。

政府公共性边界可以用三种模型来描述：第一，是否有明确的对象边界。需要明确有边界的公共服务的受益者是谁？公共产品受益的是全体国民，则支出责任应该属于中央财政；受益范围是区域国民，则支出

---

① 郑谦：《公共物品"多中心"供给研究》，北京大学出版社，2012，第1~2页。

责任属于地方财政。第二，是否有明确的法律边界。通过法律确定基本公共服务和非基本公共服务的分界，提供法律确定公共财政的使用范围和使用程序。在基本公共服务的范围内，应该随着国家的发展和财力的增强逐渐扩大公共服务的对象边界。而对于非基本公共服务领域，以逐利原则保证公民的自由选择权。同时，需要以法律的形式规范政府逐利行为，以此区别法律之外的违法乱收费行为。可以纳入法律关系的是：政府与边界内的公民的关系、政府与边界外的公民的关系，公共性边界扩大的过程也就是同类法律关系逐渐得到平等的对待的过程。第三，是否有明确的责任边界。国家通过一系列的教育、医疗、福利政策把公民的个人利益与这个国家紧紧地联系在了一起，通过责任明确政府行为的边界，其中的关键就是“由谁提供”和“向谁提供”这一责任归属问题，并以扩大政府责任边界确立政府提供公平的公共服务、公共产品，维护公平竞争的市场秩序等基本职责。

与此同时，政府在公共性边界之外实施经营逻辑需要考虑三个维度：一是以竞争作为管理分权活动的必需方案；二是分权机制在运行中不排斥相对集权；三是对政府绩效管理的持续推进。以教育集团为例，其引入了企业经营的手段，在学校的教育教学之外，借鉴企业的运作方式进行教育资源的开发与整合。对比各国的相关实践可以看到，政府意图实现均衡义务教育资源配置的良好意图，若不辅之以对效率的鼓励和支持，而仅仅强调公平，这种义务教育资源的均衡并不能得到很好的实现。如近年来，韩国、日本等国家在实践中就发现，在推行“平准化”政策后，义务教育逐步丧失了效率，学校缺乏了多样性。[①] 对公共组织如学校来说，要想更有效，就必须变得更像企业——其中一项重要的措施是采用良好的企业管理模式，与过去控制公共事业的官僚、专业人员和政治家不同，新型管理人员被认为具有革新精神、富有活力、灵活坦诚、以消

---

① 参见翟博《基础教育均衡发展理论与实践》，教育科学出版社，2013，第22页。

费者为中心又富有策略。① 而当前由政府主导成立事业法人资格性质的教育集团模式，其资产所有权属于国家，校长由上级教育行政部门委派，但学校治理层面实行企业化管理，目标是提高区域内优质教育资源的覆盖率，但学校层面不再承担资本寻利和资产增值的任务。地方政府作为国有资产尤其是土地资源的经营者，兼具生产、分配公共服务的双重职能。新的学区建设便是以公共利益为名而以经营城市为实的土地批租行为，这种倾向在以基础设施建设为主的地方政府身上有着极大的相似性。除了优质教育资源之外，经营逻辑在地方政府的公共医疗、吸引人才的优惠政策、城市环境的优化等领域都能得到实践案例的证明。从这个意义上说，政府的逐利性在一定程度上保障了其公益性向度的实现，优质公共物品的经营性与基本公共物品的公益性之间形成了相互补充的关系。

结语　政府公益逐利双重性的政策意义

政治的核心关乎资源的分配。通过上述分析，不难发现，政府公共性边界与其公益逐利双重性之间存在紧密的逻辑关系：政府公共性边界创造了公共物品提供的"俱乐部"模式，基于户籍、学区等身份的分别，优质公共物品的提供具备了逐利的可能性，在后发国家的赶超进程中，对部分优质公共物品的逐利性所得的额外收益，保障了其他基本公共物品提供的物质基础，从而进一步构筑了政府最基本且最广泛的公益性之基础。因此，这种基于"卡尔多—希克斯"式的改进相较于既往理论所倡导的帕累托改进，其绩效往往更优，从而成为当前中国地方政府普遍寻求的行为策略。

---

① 参见〔美〕杰夫·惠迪、萨莉·鲍尔、大卫·哈尔平《教育中的放权与择校：学校、政府和市场》，马忠虎译，教育科学出版社，2003，第67页。

对于这一现象而言，其现实的政策意义也值得做进一步的关注与探讨。

第一，从优质基础教育择校政策的变化可以看到，政府在边界外逐利具有相对合理性，政府要通过对边界外群体有效的逐利保障边界内优质公共服务的经济基础；因此，公益性边界的勘定遵循边界内公益最大化原则。有效组织地方政府管辖的关键是使边界与潜在受益人相匹配。[①]

第二，民主原则在政府管理中的运用是有限度的，不能无限扩大民主管理在政府中的运用，政府的逐利效率无法通过民主实现。"政府并非一种慷慨散财的工具，而是能够促进共同体总体福利的组织"[②]，应当区分政府提供和政府生产，政府提供是政府为公共物品付费，而通过市场竞争，会使公共物品的生产更有效率。政府和市场分别代表两种不同的提供途径，建立新的公共政策决策机制，通过公众参与、多元利益表达和利益博弈等制度创新，确保公共服务的公益性，同时适当引入市场机制，提高公共服务的效率与质量，提高逐利能力。在厘清政府权责边界的基础上，逐渐推进公共服务公平制度化。

第三，善政不仅要遵循民主法治逻辑，还要遵循经营逻辑。政府公益性职能的实现是公共利益的分配过程，民主是实现公平公正分配公益的基本方式。而政府逐利性目标的实现强调高效率，遵循企业家的行为逻辑。这两者都是体现公共性的过程，即通过追求公共利益，提高社会所有成员分享社会财富的过程。作为公共服务型政府不应当具有营利性，其目的不是积累财富或者创造利润，而是实现社会的公共利益。但是，非营利性不代表不能经营和盈余，但是需要通过法律制度严格遵循

---

① 参见〔美〕文森特·奥斯特罗姆、罗伯特·比什、埃莉诺·奥斯特罗姆《美国地方政府》，井敏、陈幽泓译，北京大学出版社，2004，第91页。

② 〔美〕戴维·罗森布鲁姆、罗伯特·克拉夫丘克：《公共行政学：管理、政治和法律的途径》，张成福等校译，中国人民大学出版社，2002，第561页。

这种盈余不能在政府管理者当中进行分配，以保证公益性目标并超越政府可能出现的自利性倾向。

第四，在帕累托改进之外，应注意"卡尔多—希克斯"改进在公共政策领域的应用。所谓"卡尔多—希克斯"改进，是指"如果一项制度安排提高了一些人的效用水平，而且受益者能够补偿受损者的所失且有剩余，那么整体的效益也实现了改进"①。相较于严格的帕累托改进模式，"卡尔多—希克斯"改进引入了受益者补偿的情形。基于受益者对受损者进行补偿的方式出发制定公共政策，在一定程度上也成了中国快速发展的理论注脚。政府通过逐利的方式保障其公益性的行使，正是基于"卡尔多—希克斯"改进思路下的公共物品提供逻辑，故而在完善的决策机制与利益协调机制之下，采取公益性与逐利性相分离的发展模式，有利于中国作为后发国家实现快速赶超。

---

① 董雁伟：《从"卡尔多—希克斯改进"看明代一条鞭法》，《思想战线》2011 年第 2 期。

第四章 "引导型自治"及其
制度逻辑

第一节 "引导型自治":中国基层自治的叙事逻辑

一 问题提出与分析逻辑

2018 年,习近平总书记在全国宣传思想工作会议上指出,"要推进国际传播能力建设,讲好中国故事、传播好中国声音"[①]。讲好中国故事对加快构建中国特色哲学社会科学体系有着重要的意义。基层群众自治制度作为我国的四项基本政治制度之一,在国家治理的"细胞层"发挥着重要的功能。随着中国特色社会主义进入新时代,社会主要矛盾随之发生了新的变化,基层自治在新时代中国国家治理与地方治理中的重要性日益提升。特别是 2020 年 11 月习近平总书记提出坚持和发展新时代"枫桥经验"[②] 以来,对新时代中国地方自治的深入解读及其理论

---

① 《习近平谈治国理政》第三卷,外文出版社,2020,第 312 页。
② 《习近平谈治国理政》第三卷,外文出版社,2020,第 222 页。

体系的完善便成了新的研究命题。党的十九大报告提出要"坚持党对一切工作的领导"。① 加强和改善党对基层自治的领导也是报告的题中应有之义。为此，党的十九大以来，以党建引领基层社会治理，推动挖掘基层自治新动能的"一核多元"基层治理体系成为当前推动基层治理体系和治理能力现代化的实践模式。

与我国推行的"一核多元"模式不同，以美国为代表的西方资本主义国家沿袭了另一套基层自治的逻辑体系。这一体系将西方的民主观与自治理念奉为政治正确的"圭臬"，并在向拉美、非洲、东南亚、东欧等地的输出过程中，引发了大量的政治衰败、治理失效等政治问题。由此可见，民主的模式并不只局限于一种所谓的"政治正确"，若不考虑各个国家的国情——历史、文化、制度、传统，将某种在一地成功的制度试图"移植"到其他国家，必将在现实中遇到突出的"水土不服"问题。因此，构建中国特色的基层自治分析话语体系，将有助于进一步坚持和完善中国特色的基层自治制度。

制度是政治学的主要研究对象，其研究经历了由发展到没落再到复兴的进程。随着西方社会科学领域"重新发现"制度分析的重要性，新制度主义的分析范式日渐兴起。新制度主义的"制度"分为正式制度和非正式制度，正式制度是指宪法、法律等具体的明文规定，而价值、意识形态和习惯等则是非正式的制度安排。② 新制度主义政治学在广泛定义"制度"的前提下，明确了诸如政治行动者的有限理性、制度的路径依赖趋势和观念的重要作用等影响制度的关键因素。在此基础上，利益驱动下的理性、文化形态中的观念和作为历史集装器的制度都成了新制度主义政治学的重要分析变量，③ 由此，在新制度主义的分析

---

① 《十九大以来重要文献选编》（上），中文文献出版社，2019，第 14 页。
② 参见林毅夫《关于制度变迁的经济学理论：诱导性变迁与强制性变迁》，载 J．R．科斯等《财产权利与制度变迁》，刘守英等译，上海三联书店、上海人民出版社，1994，第 375～377 页。
③ 参见何俊志《新制度主义政治学的流派划分与分析走向》，《国外社会科学》2004 年第 2 期。

看来，正式制度与非正式制度对国家治理都能产生不同的影响。著名思想家托克维尔曾经就美国的体制下过著名的论断——"地理不如法制，法制不如民情"①。在托克维尔看来，美国体制的成功，更大程度上决定于美国的民情。"民情"可以理解为我国语境下的"国情"，因此构建中国基层自治的分析话语，进而讲好中国的"基层自治"故事，关键是要着眼于中国的现实国情。综上，本节在借鉴新制度主义政治学和托克维尔关于"民情"的思想基础之上，总结提炼形成"制度历史——行为规范——理性选择"的分析框架。在此基础上，本节将对基层自治这一制度落实到具体国家的国情作为案例进行比较研究。

对中国的基层自治开展横向的国别比较，比较对象的选择尤为重要。领土广袤、人口众多、区域差异巨大、政府层级庞杂、单一制是中国国家治理的基本特征。领土广袤、人口众多、政府层级庞杂主要指涉中国国家治理的规模效应，因此与中国相匹配的比较对象应当符合治理规模大的特征；区域差异巨大与单一制则体现出了中国国家治理的一对基本矛盾：一方面，区域差异巨大使各地方都有着彼此不同的经济基础及社情民情，这使联邦制这种"求同存异"的分权体制更有利于实现区域间的个性化治理；而另一方面，单一制则强调国家在政制层面的统一，因此这种"一统体制"必然难以兼顾各地的实际情况。从这样的前提出发，选择与中国治理规模相近，但采取联邦体制的比较对象，便有助于发现中国基层自治与目前主流西方政治学所推崇的基层自治之间的差别。由此不难看出，最适合作为比较对象的国家正是美国。

由于中美在社会制度和政治架构之间存在的差异，两国在基层的区域单位设置也有所不同。美国的地方政府类型包括县、乡镇、自治市、特别区、准政府组织等，其架构较为复杂、混乱，甚至被部分文献称作

---

① 〔法〕托克维尔：《论美国的民主》，董果良译，商务印书馆，2011，第393页。

"百衲被"（crazy-quilt）。^① 在基层自治领域，例如在乡镇一级，美国的乡镇规模要远远小于中国的乡和镇，而更接近于中国语境中的"村"。因此，对于两国的基层自治而言，中国语境下的"基层"往往指称县级以下的乡、镇、村，或城市街道及社区等，基层群众自治的"群众"则分布在"村"和"城市社区"等。不难看出，中美两国的基层群众自治场域都较为宽泛、复杂。美国的宽泛、复杂之处在于美国的地方政府类型庞杂、数量众多；而中国的复杂之处则在于其规模之大。虽然这一差异带来了中美之间比较基础的不同，但二者的基本指向则是相同的。本节所开展的中美基层自治对比将在上述概念的范畴视域下加以展开。

二 历史传统：集权主义与地方主义

制度的发展受制于其传统的影响，这一"传统"在制度变迁的过程中发挥着重要的作用，呈现出路径依赖的特征。对比中美两国的地方自治，从历史传统的视角出发，有着悠久历史与浓厚集权主义文化传统的中国与历史短暂、以自由主义立国并强调地方自治的美国之间有着巨大的差异。这种历史传统的差异，进而影响到了两个国家建政初期的制度安排，从而在进一步的路径依赖之下形塑了双方不同的历史文化传统。

（一）中国：长期集权主义的制度与非自治传统

古代中国有着浓厚的专制集权主义文化基因，从而使中国在近代化之前长期缺乏民主的自然生长空间。秦始皇统一天下后，废除了基

---

① 参见〔美〕文森特·奥斯特罗姆等《美国地方政府》，井敏、陈幽泓译，北京大学出版社，2004，第2~11页。

于分封制的央地分权体制,而代之以郡县制的集权专制体制,由此奠定了中国两千多年政治制度基本格局。中央集权体制实行金字塔结构的官制,导致官本位社会的生成。随着汉武帝罢黜百家,独尊儒术,基于"君臣父子"的礼教等级体制成为中华儒家文化的核心思想,从而进一步巩固了官本位与集权主义的思想。由此延续两千余年,使中国具有了浓厚的集权主义传统。

中国古代的基层管理是一种"皇权不下县"的体制。在此时期,乡村就存在一种自治格局,这种"乡绅自治"的主体主要是地方乡绅、宗族以及熟人社会中的长者。但事实上,国家始终竭力通过乡里制等各种制度安排以期实现对乡村社会的控制。所谓"乡村自治"实际上是国家的乡里控制所不能达致的区域所实行的制度安排,王朝国家仍追求集权,对乡村自治实际上持压制态度。古代的"乡村自治"是乡村豪强力量主导下,通过建立乡村秩序,以实现最大可能地占有乡村经济与社会资源的目标,他们更关心个人和家庭利益,而非国家或民众利益。[①] 这种基层自治并非现代意义上的基层群众自治。此后,无论是清末、民国初期还是南京国民政府时期(国民政府统治区),均是冠以"自治"之名,实则是"以官治操纵自治"。[②]

清朝灭亡后,封建帝制退出了中国的历史舞台,然而集权主义传统却保留了下来。军阀混战促使各地军阀权力更加集中,形成了中国国家治理"大分权,小集权"的特征。1921年,中国共产党成立后,党中央强调集中统一领导,为取得革命斗争的胜利提供了重要保证。新中国成立后开展的人民公社化运动,使农村土地脱离农民私有的属性,转而为集体所有。人民公社体制的形成进一步推动政权的组织下沉到村一

---

① 参见鲁西奇《"下县的皇权":中国古代乡里制度及其实质》,《北京大学学报》(哲学社会科学版)2019年第4期。

② 参见吕振羽《乡村自治问题(下)》,《村治之理论与实施》,村治月刊社,1930,第144~145页。

级。在城市，尽管新中国成立初期城市基层有居民委员会这一基层群众性自治组织的存在，但在"政社合一""政企合一"的思想指导下，居委会的自治性质被改变，并在实践中逐步成为行政权力向基层的延伸，自治流于形式。

（二）美国："新大陆"的地方自治文化与制度传统

美国的历史则与中国有着很大的差异。1620 年，从"五月花"号轮船抵达美洲并建立普利茅斯殖民地开始，北美地区的政治发展与制度建设充满了创新、试验的色彩。在这样的文化和制度基础上，北美人民开展了一系列不同于欧洲大陆的全新政治试验。但与此同时，母国的一些有利于自治发展的因素被移民们继承下来，如宗教精神和自由精神——"宗教认为公民自由是人的权利的高尚行使"，而"自由认为宗教是自己的战友和胜利伙伴"[1]。亨廷顿对最早来北美定居者所带来的文化，即"盎格鲁-新教文化"做了详细的阐述——新教抗议精神；个人拥有各种神圣权利，人民是政治权力的源泉，地方政府优先于全国政府；崇尚个人主义等。这些强调自治的文化价值得以从母国继承下来，并共同指向了自由、自治的生活期待。[2] 与此同时，美国沿袭了自卢梭、孟德斯鸠、洛克等思想家所秉持的传统，即公权力来自人民，代议制则强调联邦政府、州政府等行政机关的权力来源于人民以及下级政治实体的层层权力让渡，由此形塑了浓厚的地方主义文化。

美国民主政治的基础和源头是乡镇自治。乡镇是行政组织，设有自己的行政机构，但其是高度自治的。乡镇不实行代议制，而实行直接民主制。凡涉及乡镇公共利益的事项，均需要经过乡镇居民的投票表决。美国的乡镇会议作为美国建立初期的基层自治组织，沿袭至今，

---

① 〔法〕托克维尔：《论美国的民主》，董果良译，商务印书馆，2011，第 53、55 页。

② 参见〔美〕塞缪尔·亨廷顿《我们是谁：美国国家特性面临的挑战》，程克雄译，新华出版社，2005，第 53~59 页。

已有几百年的实践,影响着现今的美国基层自治。① 此外,封建时代英国市政公司拥有的高度自治权和悠久传统也深深影响了美国近代的市政公司制度。

从"历史观念—初始制度—路径依赖后果"的逻辑观察,中国的集权主义文化传统与官本位思想,加之中华人民共和国成立初期高度集中的政治经济体制,使当代中国基层自治的制度历史传统较为薄弱;而美国的自由主义思潮传统以及开拓新家园式的发展历程形塑了其强烈的地方主义理念。

三 行为规范:权力本位文化观与自治至上权利观

制度不仅包含正式制度和程序,同时也包括一系列规范和符号系统、认知模型和道德模板,这一系列行为规范为人类的行为提供了基本的框架。② 人们在这一框架下的行为,便被制度赋予了相应的合法性。中国长期集权体制的政治制度传统形塑了自上而下的权威体制,在这种纵向的权威体制下,"政治稳定"成为中国基层治理的重要行为规范。保持基层政治稳定、巩固党和国家的政治权力是根本前提,这是权力本位文化观;美国作为以全新殖民地为基础建国的"新国家",其"合众国"的本质决定了"自治"与"分权"是美国基层治理制度安排的主线。这样的行为规范差异进而导致了中美两国在基层自治的实践中呈现出彼此不同的面向。

(一) 中国:权力本位文化观与权威体制下的"政治稳定"

民国时期虽然结束了封建专制体制,但军阀混战时期对权威体制的

---

① 参见雷海燕《美国的基层民主与居民自治》,《党政论坛》2008 年第 11 期。

② 参见何俊志《新制度主义政治学的流派划分与分析走向》,《国外社会科学》2004 年第 2 期。

推崇依然强烈存在。中国共产党经过长期的革命斗争，建立了新中国。在新中国成立后，建立的基层群众自治制度，其内在逻辑更加倾向于成为"政治稳定"的手段与党的权力向基层延伸的一种形式。这是长期的集权主义传统形塑下的权力本位文化观使然。权力本位文化观意味着，巩固党和国家的政治权力和保持基层政治稳定，是自治制度运行的根本前提。因此中华人民共和国成立初期到改革开放期间所形成的居民自治与村民自治，其"自治"的属性较弱，而"行政"的意味较强。在公民自治精神的培育方面，中国的建构逻辑不强调西方政治学中"结社权"所蕴含的对抗意味，而是更加强调社会的和谐与稳定。基于此，城市居民自治的工作多体现为动员性、强制性，而非自治性，与此同时，村民自治的行使同样也受到了行政权的侵蚀。即使通过正式规范设立了基层群众自治制度，但由于制度相比于文化的"超前"性，中国的基层自治在实践中仍处于匮乏的现状。

（二）美国：自治至上权利观与自治体制下的"自我发展"

欧洲中世纪以来的发展历史呈现出与中国迥异的变迁历程。"从欧洲文明的演进来看，争取自治、追求自由的历史就是国王和君主权力不断被削弱、限制乃至剥夺，而代表社会进步的力量、社会大众或大多数人的权力不断增长、发展并逐步推动社会治理和进步的历史。"① 中古时代的英国就已经形成地方自治习惯，这一欧洲文明的发展历程在一定程度上奠定了美国人追求自治的政治文化基因。在宗教层面，美国人在新大陆也主张教会自治，反对主教制。与此同时，美国人所信奉的"圣约思想包含限权观念，即强调参与立约的各方互相接受对其权力的限制，以及自主或自愿的限制"②。这些都是美国人的宗教和文化基因。

① 张骏：《美国的自治传统：从殖民时期到进步时代》，中央编译出版社，2016，第29页。
② 张骏：《美国的自治传统：从殖民时期到进步时代》，中央编译出版社，2016，第43页。

在这样的文化基因和宗教基因之下，美国的新移民崇尚开拓进取和自由自治精神。在美洲大陆发展的初期，虽然北美 13 个殖民地拥有极大的自主权，但宗主国英国的管辖与剥削随着欧陆战争的深入而进一步加深。北美作为英国的殖民地，"英王"仅仅作为一种政治合法性的符号存在，但当英王侵犯北美的自治与自由之时，"莱克星顿的枪声"便会响起。经过独立战争的洗礼，北美大陆最终凝聚成为基于自治价值观而形成的自治共同体。

从"行为规范—行为结果"的逻辑加以考察，可以看出，中国国家治理追求稳定基础上的合法性的政治倾向带来了政治对基层自治高度控制的结果，从而使中国的基层自治呈现出约束性与有限性的特征；而美国在欧洲近代化文明演进的基础上，长期追求脱离宗主国约束的自由与自治，从而深深地将自治纳入其政治行为规范之中。

四　理性选择：自治行政化与自治多元化

在历史传统的影响下，行为规范得以确立，而历史传统与行为规范，落实到制度，特别是制定、影响制度的个人、集体或政治组织之上时，则体现为后者在前者的既定约束条件下的理性选择。此时的制度则是"对理性构成限制的规则集合体"。如果个人想要在制度之下取得成功（即实现个体利益最大化）的话，"他必然要会去学会适应规范并接受制度价值"[1]。集权主义传统下以"政治稳定"为行为规范的中国，与地方主义色彩浓厚且强调自由、自治之上的美国之间，双方在基层自治领域的制度安排，便体现出了彼此不同的理性选择。相比之下，中国的自治制度安排更多的是在上级政府的"顶层设计"下，各级政府与基层社会进行博弈的结果，因此对中国基层自治的理

---

[1]　何俊志：《新制度主义政治学译文精选》，天津人民出版社，2007，第 77 页。

性选择讨论需兼顾政府与社会两个向度的主体。

（一）中国："压力型体制"下政府主导的自治行政化

改革开放以来，基层群众自治制度逐步得到恢复并发展。但随着社会主义市场经济体制下政府职能的逐渐扩张，基层政权所面临的治理压力陡然上升。彭真曾经在一次针对基层政权建设的谈话中指出，"上面给乡（镇）压了很多任务……乡（镇）不得不把村委会这个自治组织当作自己的腿。"① 不难看出，基层自治在中国呈现出了周雪光对中国国家治理所描述的"名与实"② 的现象——在制度设计上，基层自治意欲彰显制度设计的自治性，然而在实践中却呈现为"行政化"。在城市治理中，随着经济体制改革的深入，国有单位制企业逐步褪去其社会管理职能，这一职能势必要转移到新的载体上来；此外，城市居民还有需要加强与日常生活有关的设施建设的需求，这就要求建立一个行政化居委会。③ 在农村治理中也是如此，例如周雪光对某乡镇选举的研究指出，地方政府面临着完成选举以及保证乡村政治稳定的双重任务，但不论环境如何变化，政治稳定都是乡镇政府最重要的核心任务。④ 这一发生在基层治理的现实也反映在了针对村民自治的立法环节之中，全国人大常委会针对"村"是否应成为一级政府产生了激烈的争论，争论的焦点即在于何种制度安排可以保障中国农村基层治理的稳定。

理解中国基层自治的制度选择，离不开制度所依赖的政治环境。在基层政府和民众的双重理性选择下，基层自治最终朝着"自治行政化"

---

① 民政部基层政权和社区建设司：《中国社区建设年鉴·2003》，中国社会出版社，2003，第 12 页。
② 周雪光：《从"黄宗羲定律"到帝国的逻辑：中国国家治理逻辑的历史线索》，《开放时代》2014 年第 4 期。
③ 参见桂勇、崔之余《行政化进程中的城市居委会体制变迁——对上海市的个案研究》，《华中理工大学学报》（社会科学版）2000 年第 3 期。
④ 参见周雪光《一叶知秋：从一个乡镇的村庄选举看中国社会的制度变迁》，《社会》2009年第 3 期。

方向发展。在基层政府方面，在"压力型体制"和一票否决制之下，基层的治理呈现出一种为完成指标而竞争的运行机制。[1] 在这样的体制之下，基层政权为了落实自上而下的任务，势必会将基层自治组织当作它的一条"腿"，从而使行政权深入基层群众自治的内部；与此同时，地方领导人基于维稳的要求，为了不使其晋升受到"一票否决"的影响，同样有着极强的动力干预乃至削弱基层自治。对于民众而言，在常态化的治理过程中也缺乏摆脱自治行政化的动力。一方面源于公权力长期以来的强势地位，使得"强国家—弱社会"的格局得以固化，因此民众相对缺乏自主开展自治的意识；另一方面同样源于"强国家—弱社会"的格局，民众在长期的计划经济和强政府的治理下，未能培育有效的自治能力，从而使得公权力将自治权逐步让渡并回归基层之时，基层在短期内也难以建构一套有能力进行自我监督、自我管理的基层自治体制。从而使得基层群众参与自治的积极性不足、质量不高，自治呈现出被动性。

（二）美国：在"狄龙规则"和"地方自治规则"之间摆动的地方自治

独立后，美国制定的宪法及其修正案确立了美国现行自治体制的法律基础。1791 年 12 月，由詹姆斯·麦迪逊起草的《权利法案》获得通过。该法案第十条规定，"宪法未授予合众国、也未禁止各州行使的权力，由各州各自保留，或由人民保留。"虽然相关法案明确了地方的自治权利，但存在地方利益与国家整体利益难以协调的情况，存在使国家治理陷入低效困境的可能性。为此，美国司法在相关案例的判决实践中产生了"狄龙规则"。其核心思想体现为：州权高于地方主权并具有优先性；地方自治权源于州立法机构，后者拥有对前者

---

① 参见杨雪冬《压力型体制：一个概念的简明史》，《社会科学》2012 年第 11 期。

的立、改、废之权；地方自治权脱离州权无法独立存在。而随着狄龙规则的适用出现的一系列州政府的过于集权及其腐败现象，"地方自治规则"受到实践者的重视。地方自治规则源于美国宪法中的人民主权与民主原则。多样化的自治规则赋予了地方政府更大的自主性，使得地方政府可以自如应对日益复杂的治理状况，进而奠定了美国现代大都市区治理模式的基础。从这个意义上说，美国狄龙规则与地方自治的竞争与摆动塑造了美国多样化的地方自治实践模式。①

从"现有制度—理性选择"的视角出发，对中国而言，现有的体制凸显出"压力型体制"与"政府主导"的特征：一方面，"压力型体制"使官员重视行政任务的高效落实，且将"维稳"与其政治职业生涯直接挂钩；另一方面，"政府主导"使政府有能力将行政力量深入基层并保持其优势。在二者的共同作用下，基层民众的自治话语与行为空间进一步缩小。随着改革开放以来经济的发展，基层群众的自治利益诉求在整个国家处于高速发展的过程中让位于经济利益诉求，因此在"增量逻辑"之下，民众对自治事务冷漠与政府插手基层自治共同形塑的"自治行政化"便成为现实选择。当然，随着经济高速增长期转向中高速增长，"存量逻辑"开始日益凸显，在经济社会利益矛盾突出的地区，基层自治正在逐步以各种形式的"争取利益"的方式加以呈现。对于美国而言，"联邦—州—地方"三级政府在实践中逐步摸索形成了"狄龙规则"与"地方自治规则"并行的体制，从而形塑了美国多样化的自治安排，这也在另一个层面体现了美国宪法中的"原则与妥协"精神。②

---

① 参见陈科霖《狄龙规则与地方自治：美国的实践经验及对中国的借鉴启示》，《甘肃行政学院学报》2015 年第 2 期。

② 参见曹升生《城市化与美国县政府自治：一项知识史的考察》，《求是学刊》2019 年第 3 期。

五 "引导型自治"：构建中国基层治理故事的叙事逻辑

中国长期的集权历史、官本位思想和非自治传统形成了不利于自治的制度历史，这是中国基层自治制度建构的基本历史前提；缺乏自治文化因素，且统治者需要对"统治合法性"和"政治稳定"两大规范进行权衡，由此塑造的权力本位文化观，成为中国制度运行的行为规范前提。基于前述的历史和行为规范前提，在现有"压力型体制"及政府主导的制度框架下，乡镇政府和基层群众的理性选择形塑着"自治行政化"的生成。而美国自建国以来拥有长期的自治制度传统和自治文化，且崇尚自治至上权利观；在这样的大背景下，基于美国宪法的"狄龙规则"和"地方自治规则"，赋予地方政府和民众根据现实需要，对两大规则加以灵活运用。美国自治力量与行政力量的有效分离和灵活赋权，使二者得以在各自领域有效发挥其功用。反观中国的"自治行政化"，它意味着行政力量对自治力量进行吸纳，由此自治力量便存在发育不足，难以发挥基层群众自治的效益的问题，从而使中国的基层自治呈现出"行政吸纳自治"的特征。基于不同的历史传统、行为规范以及在此基础上的理性选择，中美之间的基层自治制度存在巨大的差异，如表 4-1 所示。

表 4-1 "制度历史—行为规范—理性选择"分析框架下的中美比较

分析视角	比较维度及结果	中国	美国
制度历史	历史观念	长期君主专制历史、专制集权主义文化基因、官本位思想、非自治传统	新教抗议精神、地方政府优先于联邦政府原则、地方主义
	初始制度	新中国成立后很长一段时期实行高度集中的政治经济体制	没有正式官员和正式政治机构乡镇自治
	路径依赖后果	不利于自治	有利于自治

续表

分析视角	比较维度及结果	中国	美国
行为规范	规范	官本位观念、缺少自治文化因素；政府权衡"统治合法性"和"政治稳定"两大规范	追求自治的政治文化基因、宗教基因、自由至上精神
	结果	权力本位文化观	自治至上权利观
理性选择	现有制度	"压力型体制"及政府主导	美国宪法及其修正案"狄龙规则"和"地方自治规则"
	制度下的理性选择	"自治行政化"	根据现实需要，地方在合宪的前提下，对两大规则灵活应用

通过表 4-1 的比较可以看出，国情不同，基于国情基础上建构的制度也有极大的不同。因此，通过简单移植西方政治学的话语体系难以精准把握中国基层治理故事的叙事逻辑。新时代，继续发展基层群众自治制度，讲好中国故事，构建当代中国基层治理故事的叙事逻辑，需要关注到中国基层自治逻辑的"中""西""马"的三源流特征。

一是"中"，即基层自治的中国源流。政治传统影响现今的制度走向，中国古代在集权传统之下的自治发育不充分，使得当前的基层群众自治制度需要来自国家的强力引导力量支持。二是"西"，即基层自治的西方源流。来自西方的民主、法治与现代政治体制都对基层群众自治的政治地位、法律地位赋予了合法性，从而使当前的基层群众自治制度建构无法脱离这一影响。三是"马"，即基层自治的马克思主义源流。民主与自治思想以及群众观点都是马克思主义的重要组成部分，也是当代中国基层群众自治的重要理论与实践基础。中国共产党是中国人民和中华民族的先锋队，代表中国最广大人民的根本利益，"必须坚持将人民的根本利益作为出发点和归宿，充分发挥人民群众的积极性、主动性、创造性"①。因此从这个意义上而言,作为执政党的执政根基,基层自治的政治地位势必得到重视与提升。

随着中国特色社会主义进入新时代,执政党对基层自治的理念和要求也进一步转型并明确为"党领导下的自治",由此确立了中国特色的"引导型自治"的叙事逻辑。"引导型自治"作为"中""西""马"三源流在新时代中国基层治理形势呼唤下产生的叙事概念,突出强调了基层自治需要在特定国情下加以建构的内在特征。由于"强国家—弱社会"的格局未发生根本性的变化,推动新时代中国基层自治的发展,要靠社会自身自治意识的觉醒与自治实践的探索创新,但更为重要的则在于来自执政党和国家这一强势力量的有序引导。具体而言,执政党的引导体现在统筹协调各方利益以及统筹引领各类组织。执政党通过培育和支持自治组织的发展,并将基层的各类社会组织与企事业单位纳入"1+N"的社会治理体系中。

相较于"吸纳","引导"则是治理思路的转化。如表4-2所示,"行政吸纳自治"通过"吸纳"手段进行基层治理,自治力量对行政力量形成依附性关系,自治力量萎靡不振。"引导型自治"则是通过"引导"手段进行基层治理,政社关系是合作关系,在政社互强的基础上,实现自治力量的有效发育,从而实现基层治理的有序改善。

表4-2 "行政吸纳自治"与"引导型自治"对比

	"行政吸纳自治"	"引导型自治"
治理手段	吸纳	引导
政社关系	依附	合作
自治力量	萎靡	发育

在执政党的引领之下,"基层自治"得以进入"国家治理"的整体

---

① 《江泽民文选》第3卷,人民出版社,2006,第279页。

框架之中。2019 年 8 月 19 日施行的《中国共产党农村工作条例》便指出，村党组织领导村各类组织，村党组织书记通过法定程序担任村委会主任和村集体经济组织、合作经济组织负责人。同时，村"两委"班子要交叉任职。这说明新时代农村的基层自治便是党领导下的自治。在"引导型自治"的模式之下，国家与社会的关系并非体现在一种对抗性的此消彼长之中，而是通过执政党的有序引导，推动基层治理的合法性、合理性与正当性有效提升，从而使执政党与政府的"政治权威"与基层群众的"民主诉求"得以互动与成长，并最终实现二者的有机统一。

讲好中国国家治理的"基层故事"，关键是要在中国现实国情的基础上进行建构与分析，而非简单地迷信或套用西方的理论体系。作为一种实然状态的治理模式，"引导型自治"的概念叙事将有助于更加深刻地理解中国的国家治理与基层治理。与此同时，研究者与观察者也应注意到，对中国基层治理的叙事具有鲜明的时代性和发展性。通过精准把握中国国家治理与基层治理随着时代发展变迁而逐步动态变化的内在逻辑，可以更加科学地把握中国基层自治的核心特征，从而为建构具有中国特色的基层自治话语体系、讲好中国"基层治理故事"提供理论依据。

第二节　政社关系的理顺与法治化塑造：社会组织　　参与社区治理的空间与进路

一　现实背景与问题提出

党的十九大报告提出了"坚持全面依法治国"的重要原则，并在此基础上明确了"法治国家""法治政府""法治社会"三位一体的建设目标。针对"法治社会"目标的建设，报告中提出"完善党委领导、政府负责、社会协同、公众参与、法治保障的社会治理体制,提高社会治理社会化、法治化、智能化、专业化水平"①。这说明,法治既是社会治理的目标导向,同时也是实现社会治理的重要手段。城市社区作为社会治理重心向基层下移的基本场域,其治理更需要以法治作为基本原则。随着治理理论的引入与国家治理现代化目标的提出,多元主体共同参与社区治理的格局正在日益成为主流的实践选择。作为一种治理模式,多元共治所突出强调的"合法性""程序性""公开性""公共性""秩序性""责任性"等价值内核,与建设社会主义法治中国的核心思想是相一致的。② 社区能否实现有效治理,就取决于多元治理主体间是否能够实现良性互动以及这种互动所达成的效果。法治作为协调社区治理各参与主体间关系的权威性、稳定性、强制性力量,对理顺政社关系进而实现社区的有效治理有着不可替代的作用。但目前政社关系在社区治理的实践中并未呈现出法治化的应然图景——政府等公权力部门仍存在"越俎代庖"的现象,并借助网格化、大数据等治理工具,不断挤占基层群众性自治组织、社会组织在社区治理中的参与空间。作为基层群众性自治组织的居民委员会在实际运作过程中饱受行政化诟病,作为社会组织的业主委员会在社区治理中发挥的作用逐渐减小。这种政社关系的失衡现象表明,当前社区治理中的政社关系仍然存在应然与实然、理论与实践之间的强烈张力。因此,政社关系的法治化就成为新时代推动社区治理法治化的重中之重。

社区治理中的多元治理主体主要包含着代表国家力量的政府组织、代表自治力量的群众性自治组织,以及代表社会力量的基层社会组织。为了保障社区自治的有效推行,我国既有的法律规范体系已经初步勾勒了社区治理场域中政社关系的基本框架,如表4-3所示。

---

① 《十九大以来重要文献选编》(上),中央文献出版社,2019,第34页。
② 参见张春照《新时代城乡社区治理法治化》,《重庆社会科学》2018年第6期。

表4-3 既有法律规范体系所勾勒的社区治理场域中政社关系的基本框架

相关法律与规范性文件名称	相关规定内容	所呈现的主体关系
《宪法》	第111条第2款："居民委员会、村民委员会……办理本居住地区的公共事务和公益事业，调解民间纠纷，协助维护社会治安，并且向人民政府反映群众的意见、要求和提出建议。"	在社会治理领域政府组织与居民委员会之间形成"协助"关系
《城市居民委员会组织法》	第2条第1款："居民委员会是居民自我管理、自我教育、自我服务的基层群众性自治组织。"	居民委员会有一定程度的独立性
	第2条第2款："不设区的市、市辖区的人民政府或者它的派出机关对居民委员会的工作给予指导、支持和帮助。居民委员会协助不设区的市、市辖区的人民政府或者它的派出机关开展工作。"	政府组织与居民委员会之间形成"指导""支持"与"帮助"关系
	第3条："……（四）协助维护社会治安；（五）协助人民政府或它的派出机关做好与居民利益有关的公共卫生、计划生育、优抚救济、青少年教育等项工作；……"	居民委员会与政府组织之间形成"协助"关系
原《物权法》	第75条第2款："地方人民政府有关部门应当对设立业主大会和选举业主委员会给予指导和协助。"	政府组织与业主委员会之间形成"指导"与"协助"关系
《物业管理条例》	第19条："业主大会、业主委员会作出的决定违反法律、法规的，物业所在地的区、县人民政府房地产行政主管部门或者街道办事处、乡镇人民政府，应当责令限期改正或者撤销其决定，并通告全体业主。"	政府组织与业主委员会之间形成监督与管理关系
《社会团体登记管理条例》	第7条："全国性的社会团体，由国务院的登记管理机关负责登记管理；地方性的社会团体，由所在地人民政府的登记管理机关负责登记管理；跨行政区域的社会团体，由所跨行政区域的共同上一级人民政府的登记管理机关负责登记管理。"	政府组织与社会团体、民办非企业单位等社会组织之间形成监督与管理关系
《民办非企业单位登记管理暂行条例》	第5条第1款、第2款："国务院民政部门和县级以上地方各级人民政府民政部门是本级人民政府的民办非企业单位登记管理机关。国务院有关部门和县级以上地方各级人民政府的有关部门、国务院或者县级以上地方各级人民政府授权的组织，是有关行业、业务范围内民办非企业单位的业务主管单位。"	

相关法律与规范性文件名称	相关规定内容	所呈现的主体关系
《志愿服务条例》	第8条:"志愿服务组织可以采取社会团体、社会服务机构、基金会等组织形式。志愿服务组织的登记管理按照有关法律、行政法规的规定执行。"	政府组织与志愿服务组织等社会服务组织之间的监督与管理关系
	第27条第2款:"县级以上人民政府及其有关部门应当在各自职责范围内,为志愿服务提供指导和帮助。"	政府组织与志愿服务组织等社会服务组织之间的"指导""帮助"关系

从表4-3中不难发现,基层群众自治制度作为我国的四项基本政治制度之一,清晰地勾勒了代表自治力量的居民委员会在社区治理中的地位及其与政府组织之间的关系。相比之下,代表社会力量的基层社会组织,尚未有明确的法律地位,与政府组织之间的关系始终悬而未决。因此需要通过法律的体系解释技术,在既有的规范体系中梳理政府与社会组织间的关系,进而勾勒社会组织参与社区治理的可为空间。

回顾既有相关研究可以看出,对社区治理场域下政府与社会组织间关系的研究主要呈现为两个角度:一是主体论的角度,其分析逻辑主要是通过梳理政府与社会组织在社区治理中的角色及其作用,间接地分析政府与社会组织间的关系;[1] 二是关系论的角度,其分析逻辑主要是借助社区赋权、合作治理、协同治理、参与治理等分析工具与视角对社区治理中各主体间的相互关系进行梳理。[2] 总的来说,既有研究对社区治理中的政府与社会组织间关系的分析视角与模式提炼采用了多样化的进

---

[1] 王永红:《城市社区治理中政府的角色定位及其职能》,《城市问题》2011年第12期;袁方成、邓涛:《从期待到实践:社区社会组织的角色逻辑——一个"结构-过程"的情境分析框架》,《河南大学学报》(社会科学版)2018年第7期。

[2] 吴晓林、张慧敏:《社区赋权引论》,《国外理论动态》2016年第9期;汤金金:《从单向到双向的合作治理及实现路径》,《江西社会科学》2018年第8期。

路。但上述研究仍存在学科视角拓展层面的不足。作为新时代国家治理的重要特征，法治在社区治理现代化的过程中发挥了重要的作用，社区治理也应在遵循政治逻辑与治理逻辑的基础上遵循法治逻辑。既有研究对法治框架的忽视，使得其分析难以准确观照"社区治理法治化"的实践目标。在社区治理中，法治可以扮演幕后"规则确定者"的角色——借助法律规则与法律原则，才能准确界定政府介入社区治理的边界及其责任范畴，以及借助法律解释方法，才能够更有效地拓展社会组织参与社区治理的可为空间。因此从现有的法治规范体系出发讨论政府与社会组织间的关系，以及社会组织在其中发挥的作用，仍有待进一步的研究加以完善。

由此，本节聚焦于讨论如下主题——在法治中国的建设框架之下，如何准确定位社区治理场域下政府与社会组织间的关系？政府在社区治理中是否存在边界，其边界又在何处？社会组织在社区治理中的可为空间又在何方？基于这样的问题意识，本节将首先通过分析当前城市社区治理困境产生的根源，寻找法治进路与社区治理困境间的契合点，进而明确社区治理法治化的重要性与必要性；其次，本节将讨论政府与社会组织间法定关系的规范意涵，进而明确政府在社区治理中的参与界限及其公法责任；最后，在前述研究的基础上，进一步厘清规范层面社会组织参与社区治理的可为空间，并探讨如何通过"法律赋权"拓展社会组织参与社区治理的可为空间。

二 通过法治理顺关系：社区治理困境的破解

社区治理缘何需要法治？这与社区治理所遭遇的困境密切相关。社区多元治理主体间失衡错位的关系是社区治理困境产生的根源，理顺关系成为破解社区治理困境的重点。而法治就是理顺关系的重要工具，这体现了法治对于社区治理的必要性与重要性。

（一）失衡错位的关系：城市社区治理困境产生的根源

基于国家与社会关系的二分法，可以将城市社区治理中的多元治理主体划分为代表国家力量的治理主体与代表社会力量的治理主体。代表国家力量的治理主体一般是指在社区治理中发挥领导作用的基层党政组织，[①] 主要包括"社区党组织"与"社区政府组织"。社区党组织是中国共产党在基层单位所设立的基层组织。社区政府组织是政府在基层社区设立的组织，实践中的主要形式是街道办事处，它是基层政府在社区中设立的派出机关。此外，代表社会力量的治理主体则主要是基层群众性自治组织与基层社会组织。其中，本节重点探讨的社会组织主要有两类：第一类是产生于社区内部的内生型社会组织，如业主委员会，它是由物业小区内业主自发成立的自治组织；又如还有未经正式登记注册，只在街道或者乡镇备案，通过社区居民自我组织和管理而形成的草根型社会组织；[②] 第二类是产生于社区外部的外生型民间组织，主要指以提供专业服务为任务的社会服务机构，[③] 它是通过政府购买公共服务的方式参与城市社区治理的社会组织。[④]

由于居民委员会在参与社区治理的过程中饱受行政化的诟病，街道办事处等行政部门通过行政命令，依据"费随事转、权随责走"的原则，将大量行政任务转嫁给居民委员会承担，这使得居民委员会在实践中扮演了政府及其派出机构的分支机构的角色。于是，代表社会力量的

---

① 吴晓林：《中国的城市社区更趋向治理了吗——一个结构—过程的分析框架》，《华中科技大学学报》（社会科学版）2015年第6期。

② 向静林：《结构分化：当代中国社区治理中的社会组织》，《浙江社会科学》2018年第7期。

③ 陈柏峰：《中国法治社会的结构及其运行机制》，《中国社会科学》2019年第1期。

④ 张文龙：《城市社区治理模式选择：谁的治理，何种法治？——基于深圳南山社区治理创新的考察》，《河北法学》2018年第9期。

社会组织的作用发挥便愈发变得重要起来。社会组织有效参与社区治理可以弥补居民委员会行政化所带来的社区治理中社会性不足的问题。但是，在社区治理场域中，政府与社会组织的关系却一直处于失衡错位的状态：一方面，这一失衡体现为国家力量挤压社会力量。代表国家力量的治理主体具有先天资源优势，主导着社区的资源配置。应由社会组织承担的职能在实践中被社区党组织、社区政府组织承担，导致社会组织参与社区治理的可为空间被大幅度压缩，社区自治被不断削弱。另一方面，这一失衡体现为社会力量边缘化，社会组织参与社区治理的范围有限。例如草根社会组织参与社区治理的范围往往集中于文化活动、弱势群体帮扶等领域，对于居民的日常事务、社区安全、社区决策等政治性、社会性参与议题则很难有实质性的参与权。由此，政府与社会组织间的关系不但存在"政强社弱"的"失衡"态势，二者所扮演的角色在实践中也存在"错位"困境，这一错位主要体现于政府一方的越位，这使得社区治理的内生活力被进一步降低。

（二）理顺关系：将法治嵌入社区治理

政府与社会组织间的失衡错位的关系是社区治理诸多困境产生的根源，因此"理顺关系"成为社区能否有效治理的关键。那么，应当如何理顺政社之间失衡错位的关系？在新时代法治中国建设的大背景下，引入法治这一重要理念具有现实的意义。

首先，法治规则能明确限定政府与社会组织间的互动路径。治理的主题在于规则之序，[①] 以制度供给回应现实治理需求，推动多元共治规则化。一方面，规则体系能够确保各个治理主体能够在规则体系内有序开展治理活动。规则的逻辑结构一般包括假定条件、行为模式与法律后

---

① 刘辉：《管治、无政府与合作：治理理论的三种图式》，《上海行政学院学报》2012 年第 3 期。

果：假定条件可以为社区多元治理主体参与社区治理的时间、空间、对象等特定前提设限。行为模式可以界定社区多元治理主体参与的事项范围，进而划分社区中国家力量与社会力量各自的作为空间。既可以通过授权性规则明确社区多元治理主体参与社区治理的可为空间，又可以通过义务性规则明确社区多元治理主体各自的应为事项与勿为事项。法律后果可以产生震慑力，对社区多元治理主体参与社区治理后的责任进行分配，防止越位行事的情况发生。[①] 另一方面，规则能够在既有法律体系内灵活调适。社区治理的法治体系立法固然重要，但不能忽视既有的规范体系的融贯性。实际上，既有的立法体例在一定程度上可以为社会组织参与社区治理的法治建构提供补充。如《志愿服务条例》可以作为配套的规范性法律文件，及时保障以志愿者身份参与社区治理的居民的权益；又如《政府购买服务管理办法（暂行）》为社会组织在与政府的互动过程中提供了标准、程序保障与救济途径；再如《老年人权益保障法》第 39 条、第 40 条等，亦体现国家对于社会组织参与社会治理的积极态度，以及所提供的政策支持与物质保障；《社会组织评估管理办法》为政府有效监管社会组织提供了依据。除了正式立法以外，社会组织所制定的自治规范也发挥着治理作用，成为约束社会组织自身的软法规范。

其次，法治原则能够控制政府与社会组织关系的基本走向。由于规则体系在现实运行中可能出现漏洞与滞后，所以需要通过法律原则进行控制，进而保障社区多元治理主体间的良性互动关系：其一，通过平等原则能够明确政府与社会组织在社区治理中的平等关系。国家力量源自社会力量集合的契约，因而社会组织与政府之间存在逻辑起点上的平等性。以"平等原则"重新认识国家与社会之间的关系，就可以摒弃"社会组织是政府的附属"的成见。既然可以通过立法授权政府承担一

---

① 张文显：《法理学》，高等教育出版社，2011，第 69 页。

部分的社区治理工作，社会组织亦可以获得承担另一部分社区治理工作的授权。政府通过授权或委托社会组织承担它的部分社区治理工作，社会组织由此应然地成为社区治理的合作者与参与者。^① 其二，辅助原则确立了政府与社会组织之间的主辅关系，明确了社会组织在社区治理中的主体地位。辅助原则是国家与社会二元基础上的合作机制。^② 辅助原则的内涵在于，在处理国家与社会之间的关系时，国家应当将社会可以独立承担的事务交由社会承担，社会无法独立承担的事务则由国家介入。^③ 辅助原则的确立有两大现实意义：一是辅助原则预设了社会自治的前提，防止了国家不当干预，在社会可以独立承担的事务中，国家应集中于指导、监督、敦促或约束等职能；二是辅助原则设定了国家在必要时的积极干预义务，认为国家应当积极协助社会完成其无法独立承担的事务，且不可忽视公共利益的存在及诉求。^④ 在辅助原则的控制下，除了行政保留的事项之外，社会治理的任务都应当由社会力量承担，实现多元主体的合作治理。^⑤

三 政府与社会组织关系的规范意涵

正如前述，政府与社会组织间的关系在我国既有的法律规范体系已有初步体现。因此，如何在法治的平等原则与辅助原则之下，对既有规范进行中的政府与社会组织关系进行解读成为梳理政府与社会组

---

① 方洁：《社团权力的重置》，《浙江社会科学》2012 年第 12 期。
② 熊光清：《从辅助原则看个人、社会、国家、超国家之间的关系》，《中国人民大学学报》2012 年第 5 期。
③ 章志远：《法治政府建设的三重根基——〈法治政府建设实施纲要（2015-2020 年）〉精神解读》，《法治研究》2016 年第 2 期。
④ 喻少如：《论行政给付中的国家辅助性原则》，《暨南学报》（哲学社会科学版）2010 年第 6 期。
⑤ 章志远：《法治政府建设的三重根基——〈法治政府建设实施纲要（2015-2020 年）〉精神解读》，《法治研究》2016 年第 2 期。

织关系的关键。

(一) 政府与社会组织间的监管关系

《物业管理条例》第19条规定:"业主大会、业主委员会作出的决定违反法律、法规的,物业所在地的区、县人民政府房地产行政主管部门或者街道办事处、乡镇人民政府,应当责令限期改正或者撤销其决定,并通告全体业主"。政府对业主委员会的行政处罚权力源自政府对业主委员会的监督与管理职能,二者之间存在监管关系。同样,这种监管关系还体现在《社会团体登记管理条例》之中,如该条例第6条第1款规定"国务院民政部门和县级以上地方各级人民政府民政部门是本级人民政府的社会团体登记管理机关",十分明确地指出了政府与社会组织之间的管理关系。这种监管关系的存在源于社会组织"志愿失灵"的风险存在。例如,业主委员会无法反映业主意志,甚至频繁爆出经济丑闻。又如,社会服务机构等专业型社会组织被允许从事营利活动,私主体追求自身利益最大化的固有逻辑不可避免地影响着社会力量,会促使其为了降低成本而忽视公共利益,[①] 进而可能会侵害公民权利。因此,政府有义务履行监管职责,防止公民权利遭受侵害。从某种意义上来看,政府基于依法行政原则,必然需要通过立法对社会组织予以监督。但是,政府监管的"度"该如何界定?如果监管过多,社会组织会缺乏活力;如果监管过少,社会组织可能陷入秩序混乱。"重要性"理论可以为"监管"的"度"提供启示。"重要性"理论认为,涉及公民基本权利的事项应当有明确具体的法律依据。[②] 这种以公民基本权利为核心的"二分法则"为政府监督社会组织提供了颇具弹性的标准:一方面,对于涉及社会组织成立、参与政治活动,以及涉及社区居民基

---

① 张鲁萍:《私主体参与行政任务的界限研究》,《北方法学》2016年第3期。
② 周佑勇:《行政法基本原则研究》,武汉大学出版社,2005,第190页。

本权利与公共利益的决策，应当由国家立法予以监管，但监管手段应从高压监管转向柔性监管。尤其是在社会组织申请成立的阶段，应从过去的"双重管理体制"向分类柔性监管加以转变。如根据《中共中央关于全面深化改革若干重大问题的决定》，行业协会商会类、科技类、公益慈善类、城乡社区服务类四类社会组织，成立时直接依法向民政部门申请登记，不再经由业务主管单位审查和管理。相较以往《民办非企业单位登记管理暂行条例》要求的先经业务主管单位审查同意，再向民政部门申请登记的"双重许可制度"，"直接登记制度"降低了社会组织的成立门槛。当然，未来的趋势不仅仅局限于上述四类社会组织，还应拓展到更多类型的社会组织之中。另一方面，对于社会组织的内部活动、正常的业务活动等专业性较强的行为，国家立法无须登场，应当给予社会组织通过自我制定的规则进行自我监管的空间。①

（二）政府与社会组织间的协助关系

原《物权法》第75条第2款规定："地方人民政府有关部门应当对设立业主大会和选举业主委员会给予指导和协助。"应当而言，根据辅助原则，国家对社会无法独立承担完成社区治理事务时应当承担相应的责任，因此这种"指导"抑或"协助"关系可以作扩大解释，不仅仅局限于选举业主委员会之时，还包括业主委员会在参与社区治理的过程中遇到困难之时。因为社区治理中自然会存在社会组织依据自身能力尚无法解决的治理难题，为了保障社区治理的实现，政府就理应对社会组织提供必要的帮助。这种"帮助"并非简单地由政府向社会组织提供资金与技术支持，往往是直接由政府承担，体现了政府的兜底责任。《中共中央关于全面深化改革若干重大问题的决定》指出："适合由社

---

① 张清：《包容性法治框架下的社会组织治理》，《中国社会科学》2018 年第 6 期。

会组织提供的公共服务和解决的事项，交由社会组织承担"①。因此，政府在社区治理中的可为空间在于不适合由社会组织完成的社区公共事务。根据辅助原则，可以将社会组织能否独立承担解决某项社区公共事务作为划分社区不同事务的标准。社会组织不能独立承担的社区公共事务主要在于"秩序行政类事务"，此类事务的目的在于保障公共安全和公共秩序。② 在秩序行政类事务中，如社区中关乎治安、拆迁拆违、环境整治、社区矫正、流动人口管理、消防、交通和公共信息采集等，政府享有排他性的治理权：一方面，这是法律赋予政府的内源性义务与职能；另一方面，上述秩序行政类事务的治理难度高，需要由政府输出治理资源与提供治理工具。但是，政府是否在此类事务中完全扮演"垄断的兜底者"角色？答案自然是否定的。既然强调"法治化"，就需要遵循法治的程序原则。由于秩序行政类事务涉及公民切身利益，应当遵循行政参与原则，即行政权力运行结果影响的利害关系人有权在行政权力的运行过程中表达意见，并对行政权力运行结果的形成发挥有效作用。③ 此时，政府与社会组织的关系可以描述为"吸纳"关系。政府在面对不同的利益诉求时，将不同利益诉求吸纳进政府决策之中，从而使社会被整合到政府体系和政府决策之中，促进政府与社会的合作共治。④

（三）政府与社会组织间的支持关系

2018 年《国务院机构改革和职能转变方案》中指出，"重点培育、优先发展行业协会商会类、科技类、公益慈善类、城乡社区服务类社会

---

① 《十八大以来重要文献选编》（上），中央文献出版社，2014，第 539~540 页。
② 〔德〕哈特穆特·毛雷尔：《行政法学总论》，高家伟、刘兆兴译，法律出版社，2000，第 8 页。
③ 周佑勇：《行政法基本原则研究》，武汉大学出版社，2005，第 190 页。
④ 汪锦军：《政社良性互动的生成机制：中央政府、地方政府与社会自治的互动演进逻辑》，《浙江大学学报》（人文社会科学版）2016 年第 4 期。

组织"。社会组织由于资源的不足，在成立之初常常会因为经费、技术、制度供给等问题而难以维持其运作，进而无法发挥其参与社区治理的作用。为了发展社会力量，推动社会治理社会化，在资源上具有天然优势的政府必须发挥财政作用，主动培育社会组织，为社会组织的发展提供必要支持。一方面，这种必要支持体现为政府应当为社会组织的发展提供必要的补助。如政府对社会组织进行表彰或奖励。《老年人权益保障法》第10条规定，各级人民政府和有关部门对维护老年人合法权益和敬老、养老、助老成绩显著的组织、家庭或者个人，对参与社会发展做出突出贡献的老年人，按照国家有关规定给予表彰或者奖励。又如政府对社会组织的物质支持。《老年人权益保障法》第39条规定，各级人民政府和有关部门在财政、税费、土地、融资等方面采取措施，鼓励、扶持企业事业单位、社会组织或者个人兴办运营养老、老年人日间照料、老年文化体育活动等设施。为了使资源供给不影响社会组织的自治空间，不应对社会组织如何使用各类资源进行限制，对于如何运用资金以解决社区问题属于社会组织的自治范畴。另一方面，不应当禁止社会组织从事营利性活动。例如，相关法律将法人区分为营利法人与非营利法人，并将非营利法人细分为事业单位、社会团体、基金会和社会服务机构。这意味着作为社会组织的社会服务机构可正式以民事主体的身份从事民事活动。如社会保障行政中政府与社会服务机构签订契约，让社会服务机构参与到社区养老，减轻社区政府组织的社区养老负担。[①]"非营利性"是社会服务机构的重要特征，但这并非经济学意义上的无利润，更不是禁止从事经营活动，而是这种组织的运作目的不是纯粹获取利润。[②] 社会组织可以通过会费、社区生产收益、社会捐助、举办福利服务活动收入等形式进行自我的资源供给。当然，在法治化的框架

---

① 胡敏洁：《论社会保障行政中的契约工具》，《浙江学刊》2018年第1期。
② 沈德咏：《〈中华人民共和国民法总则〉条文理解与适用》，人民法院出版社，2017，第620~621页。

下，社会组织的营利活动也应当在章程明确的范围内进行，这也是政社关系法治化的应有之义。

四　拓展社会组织可为空间的法治进路

在理顺政府与社会组织间的"监管""协助""支持"关系后，应当如何在理顺关系的基础上拓展社会组织参与社区治理的可为空间？非政府主体得到赋权是实现政府与社会组织合作治理的前提。[①] 但传统赋权理论常将"赋权"解释为"行政赋权"，认为赋权是政府主动赋予社会组织或者私部门相应的职能与资源，让渡部分执行性工作和服务性工作，以获得发展的动力与能力。[②] 由于政府对社会组织不信任，行政赋权往往伴随着行政限制，导致行政赋权呈现不完整、不稳定的特征。[③] 这使公众在社区中始终处于被动与从属地位，政府的自主性也容易通过自用裁量决定是否吸纳公众参与和社会力量，难以保障公众参与的法定权利与义务。[④] 因此，"行政赋权"是无法确保社会组织有效参与社区治理的路径。基于法治进路，"行政赋权"应当向"法律赋权"转变，不是政府直接赋予社会组织权利，而是法律赋予社会组织权利。

（一）赋权主体的调适

社会组织在社区中的治理权是内生性权利，而非外源性权利。一方面，"结社自由权"属于宪法明确规定的基本权利。根据《宪法》第35条规定，中华人民共和国公民有结社自由。另一方面，"结社自由权"

---

① 吴晓林、张慧敏：《社区赋权引论》，《国外理论动态》2016年第9期。
② 汪荣有：《公共伦理学》，武汉大学出版社，2009，第150页。
③ 张紧跟：《从行政赋权到法律赋权：参与式治理创新及其调适》，《四川大学学报》（哲学社会科学版）2016年第6期。
④ 张紧跟：《从行政赋权到法律赋权：参与式治理创新及其调适》，《四川大学学报》（哲学社会科学版）2016年第6期。

在宪法体系中表现为参与国家与社会治理的基本面向。《宪法》第 2 条规定："中华人民共和国的一切权力属于人民……人民依照法律规定，通过各种途径和形式，管理国家事务，管理经济和文化事业，管理社会事务。"该条明确了人民是国家权力的来源与归属，并且授权人民可以通过"各种途径和形式"参与"国家事务"与"社会事务"。① 此处的"各种途径和形式"可以涵盖基于《宪法》第 35 条所赋予的"结社自由权"形成的以社会组织为载体的参与形式。② 根据"人民主权原则"，人民自己的事情自己做主，③ 对于涵盖人民自身利益的"社会事务"，人民有权决定以何种形式进行治理。因此，社会组织在社区中的自治权是由宪法所赋予，而非由行政赋权。长期以来，以行政法规、规章等形式进行的行政赋权应当由立法机关通过法律、法规使其制度化。④

（二）赋权内容的调适

《宪法》赋予社会组织"治理权"的内容是广泛的。一方面，"治理权"属于"参与权"，社会组织的存在是基于公民的结社自由权。结社自由权属于公民参与政治生活方面的权利，体现了结社自由权的"参与权"属性。⑤"参与权"是社会组织能够广泛参与政治、经济、文化、社会生活等各个领域的权利基础，⑥ 亦构成了"治理权"的权利基础。另一方面，"治理权"也属于"自治权"。"自治权"的范畴决定了社会组织参与社区治理可为空间的范畴。"自治权"意味着社会组织对社区事务进行自我管理与自我约束，并依据自治规范排除国家权力的不

---

① 周佑勇：《行政法基本原则研究》，武汉大学出版社，2005，第 190 页。
② 周佑勇：《行政法基本原则研究》，武汉大学出版社，2005，第 190 页。
③ 李海平：《社团自治与宪法变迁》，《当代法学》2010 年第 6 期。
④ 张紧跟：《从行政赋权到法律赋权：参与式治理创新及其调适》，《四川大学学报》（哲学社会科学版）2016 年第 6 期。
⑤ 参见周叶中《宪法》，高等教育出版社，2005，第 269~286 页。
⑥ 乔亚南：《社会组织权利的人权面向及其内涵探析》，《内蒙古社会科学》（汉文版）2018年第 4 期。

当干涉。"自治权"源自"人民主权原则之下人民对权利的保留","自治权"的范畴不仅包含宪法和法律的授权范畴，还包含宪法和法律没有禁止的范畴。① 总而言之，法律所赋予的治理权内容广阔，根据自治的价值取向，包含不同情境下居民所具有的决策权、任免权、监督权、知情权、表达权等。上述法律所明确赋予的社区治理权限，社会组织可以在法律允许的范围内充分行使，从而进一步增强社区治理的活力。

遵循这样的思路解读既有的规范性文本，可以发现业主委员会的可为空间广阔。业主委员会的自治权源自业主的物权，因此其属于经济性自治组织，从而有别于源自政府对基层社会管理的需求而形成的具有政治属性的居民委员会。根据原《物权法》第 76 条之规定，业主委员会的职权包括制定和修改管理规约、选聘和解聘物业服务企业、筹集和使用维修资金、改建或重建建筑物及其附属设施等。基于业主委员会在成员构成、经费管理、工作场所、人事安排上具有的相对独立性，业主委员会对社区之中涉及业主利益的各项公共事务享有广泛的自治空间，并且不涉及社区政府组织所指派的行政任务。此外，社区中还存在的其他类型的社区社会组织，如社会服务机构与草根组织，它们同样可以广泛地参与社区治理。根据《民政部关于大力培育发展社区社会组织的意见》的规定，"社区社会组织"主要包括在城乡社区开展为民服务、公益慈善、邻里互助、文体娱乐和农村生产技术服务等活动的社会组织。首先，所谓"邻里互助"，根据《老年人权益保障法》第 38 条之规定，发扬邻里互助的传统，提倡邻里间关心、帮助有困难的老年人。因而"邻里互助"可以被解读为邻里间的关心与帮助，是典型的日常生活领域的内容；其次，"公益慈善"的过程中产生的捐赠行为也是可以归入典型的经济生活领域的内容；最后，所谓"文体娱乐"，通过文义解

---

① 乔亚南：《社会组织权利的人权面向及其内涵探析》，《内蒙古社会科学》（汉文版）2018年第 4 期。

读，其包含文化、艺术、体育等愉悦居民身心的娱乐性活动，属于文化生活领域的内容。综上，"社区社会组织"的可为空间被设定在日常生活、经济生活以及文化生活领域，不与社区政府组织在社区公共事务上产生直接联系，从某种意义上代表着国家力量最低程度的介入。

综上所述，根据法律赋权的思路，社会组织参与社区治理的可为空间十分广阔。社区公共事务多元，尤其是给付行政类事务内容庞杂，包含市政服务、教育、卫生、就业、养老、幼托等。若采取列举的方式设定社会组织的自治空间，一方面会造成社会组织的自治空间受到挤压，另一方面列举以外的事务若都要由政府承担，也不具有现实性。因此，凡是不属于排他的、社会无力承担的社区公共事务，依据辅助原则，都可能成为社会组织可以承担的公共事务。

五 结语

党的十九大报告提出"社会治理法治化"的目标，[①] 使全面推进依法治国战略能够有机地融入社会并使之落到实处。在平等原则、依法行政原则、辅助原则等法律原则的指引之下，国家、市场与社会力量的互动关系可以被准确勾勒，社会治理的多元主体间的互动规则在此基础上得以逐渐形成，各自的可为空间亦能逐渐清晰，从而使社区治理走向井然有序运行的法治社会与职能转型的法治政府密切协同的格局。通过理顺国家治理在微观层面的主体间关系，为最终形塑法治国家的理想蓝图奠定了重要的政治、社会与法治基础，因此就这个意义上而言，理顺政社关系进而实现社会治理法治化对于推进国家治理体系和治理能力的现代化有着重要的促进与保障作用。与此同时，"社会治理法治化"也突破了长期以来社会治理忽视法治因素的局限，为社会治理体系和治理能

---

① 党的十九大报告指出，"提高社会治理社会化、法治化、智能化、专业化水平"，参见《十九大以来重要文献选编》（上），中央文献出版社，2019，第34页。

力现代化提供了制度性的保障，进而有助于推动治理理论的研究进一步丰富与完善，切实将法治路径作为管理与政治路径的补充嵌入公共行政学的框架体系内。① 缺乏法治嵌入的治理制度已经难以回应多变的社会带来的重重挑战，只有法治化的进路才能提高社会治理的精细化程度，进而利用明确的法律定位回应层出不穷的治理难题。在新时代的法治中国建设中，社会力量有望在不断修订与调适的法律框架内发挥其应有的作用，社区治理模式也在探索中朝着法治化方向不断前进，在依法治国的总体框架下进入一个良法与善治并存的时代。

---

① 参见〔美〕戴维·H. 罗森布鲁姆、罗伯特·S. 克拉夫丘克《公共行政学：管理、政治和法律的途径》，张成福等校译，中国人民大学出版社，2002，第1页。

参考文献

一 中文文献

（一）著作

陈国权、毛益民：《权力法治与廉政治理》，中国社会科学出版社，2018。

何俊志：《新制度主义政治学译文精选》，天津人民出版社，2007。

黄仁宇：《万历十五年》，三联书店，2014。

李成威：《公共产品理论与应用》，立信会计出版社，2011。

林尚立：《当代中国政治形态研究》，天津人民出版社，2000。

吕振羽：《村治之理论与实施》，村治月刊社，1930。

马庆钰：《中国行政改革前沿视点》，中国人民大学出版社，2008。

民政部基层政权和社区建设司：《中国社区建设年鉴·2003》，中国社会出版社，2003。

平新乔：《财政原理与比较财政制度》，上海三联书店，1995。

涂晓芳：《政府利益论》，北京大学出版社、北京航空航天大学出版社，2008。

汪荣有：《公共伦理学》，武汉大学出版社，2009。

温铁军等：《解读苏南》，苏州大学出版社，2011。

徐一超、施光明：《名校集团化——教育均衡发展的实践演绎》，浙江大学出版社，2012。

许学强、周一星、宁越敏：《城市地理学》（第2版），高等教育出版社，2009。

岳伟、黄道主：《彰显教育的公平与公益》，华中师范大学出版社，2014。

翟博：《基础教育均衡发展理论与实践》，教育科学出版社，2013。

张骏：《美国的自治传统：从殖民时期到进步时代》，中央编译出版社，2016。

张文显：《法理学》，高等教育出版社，2011。

郑谦：《公共物品"多中心"供给研究》，北京大学出版社，2012。

郑永年：《中国的"行为联邦制"：中央-地方关系的变革与动力》，东方出版社，2013。

周叶中：《宪法》，高等教育出版社，2005。

周佑勇：《行政法基本原则研究》，武汉大学出版社，2005。

周振鹤：《中国地方行政制度史》，上海人民出版社，2014。

周志忍：《政府管理的行与知》，北京大学出版社，2008。

（二）中文译著

〔德〕哈特穆特·毛雷尔：《行政法学总论》，高家伟、刘兆兴译，法律出版社，2000。

〔法〕卢梭：《社会契约论》，黄卫锋译，台海出版社，2016。

〔法〕托克维尔：《论美国的民主》，董果良译，商务印书馆，2011。

〔美〕E. R. 克鲁斯克、B. M. 杰克逊：《公共政策词典》，唐理斌等译，远东出版社，1992。

〔美〕埃利诺·奥斯特罗姆、拉里·施罗德、苏珊·温：《制度激励与可持续发展：基础设施政策透视》，陈幽泓等译，上海三联书店，2000。

〔美〕埃利诺·奥斯特罗姆：《公共事务的治理之道：集体行动制度的演进》，余逊达、陈旭东译，上海三联书店，2000。

〔美〕戴维·H. 罗森布鲁姆、罗伯特·S. 克拉夫丘克：《公共行政学：管理、政治和法律的途径》，张成福等校译，中国人民大学出版社，2002。

〔美〕科斯、诺思、威廉姆森等：《制度、契约与组织——从新制度经济学角度的透视》，刘刚、冯健、杨其静、胡琴等译，经济科学出版社，2003。

〔美〕罗尔斯：《正义论》，何怀宏、何包钢、廖申白译，中国社会科学出版社，1998。

〔美〕曼瑟尔·奥尔森：《集体行动的逻辑》，陈郁、郭宇峰、李崇新译，上海三联书店、上海人民出版社，1995。

〔美〕塞缪尔·亨廷顿：《我们是谁：美国国家特性面临的挑战》，程克雄译，新华出版社，2005。

〔美〕文森特·奥斯特罗姆、罗伯特·比什、埃莉诺·奥斯特罗姆：《美国地方政府》，井敏、陈幽泓译，北京大学出版社，2004。

〔美〕杰夫·惠迪、萨莉·鲍尔、大卫·哈尔平：《教育中的放权与择校：学校、政府和市场》，马忠虎译，教育科学出版社，2003。

（三）期刊论文

〔美〕道格拉斯·诺斯：《新制度经济学及其发展》，《经济社会体制比较》2002 年第 5 期。

安静暾、梁鲜桃、张学刚、布和朝鲁、李丽：《开发区、工业园区建设与我区经济发展》，《理论研究》2004 年第 12 期。

曹升生：《城市化与美国县政府自治：一项知识史的考察》，《求是学刊》2019 年第 3 期。

曹正汉：《中国上下分治的治理体制及其稳定机制》，《社会学研究》2011 年第 1 期。

曹正汉：《统治风险与地方分权：关于中国国家治理的三种理论及其比较》，《社会》2014 年第 6 期。

陈柏峰：《中国法治社会的结构及其运行机制》，《中国社会科学》2019 年第 1 期。

陈国权、陈晓伟：《法治悖论：地方政府三重治理逻辑下的困境》，《社会科学战线》2019 年第 9 期。

陈国权、李院林：《政府自利性：问题与对策》，《浙江大学学报》（人文社会科学版）2004 年第 1 期。

陈国权、毛益民：《第三区域政企统合治理与集权化现象研究》，《政治学研究》2015 年第 2 期。

陈国权、王勤：《论社会公正与政府的公共性》，《政治学研究》2004 年第 4 期。

陈科霖：《大部制改革：历史回顾与路径前瞻》，《云南社会科学》2014 年第 3 期。

陈剩勇、马斌：《区域间政府合作：区域经济一体化的路径选择》，《政治学研究》2004 年第 1 期。

陈妤凡、王开泳：《改革开放以来我国撤县（市）设区的变动格局与动因分析》，《城市发展研究》2018 年第 10 期。

陈钊、徐彤：《走向"为和谐而竞争"：晋升锦标赛下的中央和地方治理模式变迁》,《世界经济》2011 年第 9 期。

程文浩、卢大鹏:《中国财政供养的规模及影响变量——基于十年机构改革的经验》,《中国社会科学》2010 年第 2 期。

池海平:《司法改革运动对我国现行司法体制改革的启示》,《探索与争鸣》2004 年第 6 期。

单凯、占张明:《"省直管县"政策下地级市"撤县设区"行为研究——以浙江省为例》,《中共杭州市委党校学报》2015 年第 3 期。

董雁伟:《从"卡尔多—希克斯改进"看明代一条鞭法》,《思想战线》2011 年第 2 期。

方洁:《社团权力的重置》,《浙江社会科学》2012 年第 12 期。

冯华、任少飞:《有效政府与有效市场:改革历程中的政企关系回顾与前瞻》,《山东社会科学》2007 年第 7 期。

高琳:《快速城市化进程中的"撤县设区":主动适应与被动调整》,《经济地理》2011 年第 4 期。

高祥荣:《"撤县(市)设区"与政府职能关系的协调》,《甘肃行政学院学报》2015 年第 3 期。

耿卫军:《"撤县设区"能促进区域发展吗——基于浙江省 1993-2013 年县际面板数据的分析》,《特区经济》2014 年第 9 期。

谷志军、陈科霖:《当代中国决策问责的内在逻辑及优化策略》,《政治学研究》2017 年第 3 期。

谷志军:《问责政治的逻辑:在问责与避责之间》,《思想战线》2018 年第 6 期。

桂勇、崔之余:《行政化进程中的城市居委会体制变迁——对上海市的个案研究》,《华中理工大学学报》(社会科学版)2000 年第 3 期。

郭晓光:《成立相对集中审批权的行政审批局之思考》,《中国行政管理》2014 年第 8 期。

郭瑜：《市场经济条件下的政企关系探讨》，《云南行政学院学报》2012 年第 6 期。

韩志明：《政策过程的模糊性及其策略模式——理解国家治理的复杂性》，《学海》2017 年第 6 期。

何俊志：《新制度主义政治学的流派划分与分析走向》，《国外社会科学》2004 年第 2 期。

何显明：《绩效合法性的困境及其超越》，《浙江社会科学》2004 年第 5 期。

何颖：《政府公共性与和谐社会的构建》，《社会科学战线》2005 年第 4 期。

胡敏洁：《论社会保障行政中的契约工具》，《浙江学刊》2018 年第 1 期。

胡晓东：《政府"临时工"协助执法之问题探析》，《中国劳动关系学院学报》2017 年第 5 期。

贾义猛：《优势与限度："行政审批局"改革模式论析》，《新视野》2015 年第 5 期。

蓝志勇：《给分权划底线，为创新设边界——地方政府创新的法律环境探讨》，《浙江大学学报》（人文社会科学版）2007 年第 6 期。

雷海燕：《美国的基层民主与居民自治》，《党政论坛》2008 年第 11 期。

李海平：《社团自治与宪法变迁》，《当代法学》2010 年第 6 期。

李浩：《"撤县设区"的规划调整效应——以徐州市铜山区为例》，《城乡建设》2011 年第 10 期。

李金龙、翟国亮：《撤县设区的科学规范探究》，《云南社会科学》2016 年第 5 期。

李孔珍：《社会利益结构变迁与公立学校发展新趋势》，《中国教育学刊》2011 年第 12 期。

李明伍：《公共性的一般类型及其若干传统模型》，《社会学研究》1997 年第 4 期。

廖建春：《协警执法问题研究》，《广西政法管理干部学院学报》2010 年第 2 期。

林毅夫、蔡昉、李周：《论中国经济改革的渐进式道路》，《经济研究》1993 年第 9 期。

刘辉：《管治、无政府与合作：治理理论的三种图式》，《上海行政学院学报》2012 年第 3 期。

刘建军、马彦银：《从"官吏分途"到"群体三分"：中国地方治理的人事结构转换及其政治效应》，《社会》2016 年第 1 期。

刘君德：《论中国建制市的多模式发展与渐进式转换战略》，《江汉论坛》2014 年第 3 期。

刘世定：《历史的理论研究路径和理论模型——对〈中国的集权与分权："风险论"与历史证据〉一文的几点评论》，《社会》2017 年第 3 期。

楼劲：《"官吏之别"及"官吏关系"的若干历史问题》，《社会》2016 年第 1 期。

鲁西奇：《"下县的皇权"：中国古代乡里制度及其实质》，《北京大学学报》（哲学社会科学版）2019 年第 4 期。

罗国亮：《30 年来我国政企关系的演化》，《中国国情国力》2008 年第 10 期。

罗小龙、殷洁、田冬：《不完全的再领域化与大都市区行政区划重组——以南京市江宁撤县设区为例》，《地理研究》2010 年第 10 期。

吕凯波、刘小兵：《城市化进程中地方行政区划变革的经济增长绩效——基于江苏省"县改区"的个案分析》，《统计与信息论坛》2014

年第 7 期。

马振涛：《新型城镇化下行政区划调整与行政体制改革：一个成本的视角》，《求实》2016 年第 2 期。

倪星、王锐：《从邀功到避责：基层政府官员行为变化研究》，《政治学研究》2017 年第 2 期。

倪星、郑崇明：《非正式官僚、不完全行政外包与地方治理的混合模式》，《行政论坛》2017 年第 2 期。

欧博文、韩荣斌：《民主之路？——中国村民选举评析》，《国外理论动态》2011 年第 7 期。

欧黎明：《地方政府在政企关系中的角色定位》，《云南行政学院学报》2000 年第 3 期。

欧阳君山：《三只手下的政企关系》，《法人杂志》2006 年第 12 期。

潘石、莫衍：《政企关系问题的本质：政府参与二重性的外化》，《长白学刊》2005 年第 1 期。

庞明礼：《国家治理效能的实现机制：一个政策过程的分析视角》，《探索》2020 年第 1 期。

浦再明：《政企关系引论——政企分离及其深层问题研究》，《战略与管理》2001 年第 5 期。

乔坤元：《我国官员晋升锦标赛机制的再考察——来自省、市两级政府的证据》，《财经研究》2013 年第 4 期。

乔亚南：《社会组织权利的人权面向及其内涵探析》，《内蒙古社会科学》（汉文版）2018 年第 4 期。

秦海：《制度范式与制度主义》，《社会学研究》1999 年第 5 期。

邱法宗、张霁星：《关于地方政府绩效评估主体系统构建的几个问题》，《中国行政管理》2007 年第 3 期。

全承相、李玮：《政府财政权及其控制》，《求索》2009 年第 4 期。

任剑涛：《从政党国家到民族国家：政党改革与中国政治现代化》，《江苏行政学院学报》2013 年第 3 期。

荣敬本等：《县乡两级的政治体制改革如何建立民主的合作新体制——新密市县乡两级人民代表大会制度运作机制的调查研究报告》，《经济社会体制比较》1997 年第 4 期。

邵泽斌、张乐天：《从意识形态到公共精神》，《社会科学》2008 年第 12 期。

邵泽斌、张乐天：《化解义务教育择校矛盾为什么这么难》，《教育研究》2013 年第 4 期。

宋林霖：《"行政审批局"模式：基于行政组织与环境互动的理论分析框架》，《中国行政管理》2016 年第 6 期。

孙笑侠、麻鸣：《法律与道德：分离后的结合——重温哈特与富勒的论战对我国法治的启示》，《浙江大学学报》（人文社会科学版）2007 年第 1 期。

孙志建：《"模糊性治理"的理论系谱及其诠释：一种崭新的公共管理叙事》，《甘肃行政学院学报》2012 年第 3 期。

孙卓然、李正图：《开发区开发模式研究》，《上海经济研究》2011 年第 5 期。

汤金金：《从单向到双向的合作治理及实现路径》，《江西社会科学》2018 年第 8 期。

唐为、王媛：《行政区划调整与人口城市化：来自撤县设区的经验证据》，《经济研究》2015 年第 9 期。

田秀娟：《基层政府编外人员的存在逻辑与治理对策》，《长白学刊》2019 年第 6 期。

涂志华、汤伯贤、王珂、张为真：《"撤县设区"型新市区城乡规划体系构建研究——以南京市六合区为例》，《城市规划》2011 年第

S1 期。

汪锦军：《政社良性互动的生成机制：中央政府、地方政府与社会自治的互动演进逻辑》，《浙江大学学报》（人文社会科学版）2016 年第 4 期。

汪仕凯：《党和国家机构改革与政治体制能力重塑：制度优势转化为治理效能的中国逻辑》，《南京社会科学》2020 年第 2 期。

王红茹、马力宏、吴蔚荣、高小平、胡仙芝：《如何建立新型的"政企关系"》，《中国经济周刊》2006 年第 22 期。

王健、鲍静、刘小康、王佃利：《"复合行政"的提出——解决当代中国区域经济一体化与行政区划冲突的新思路》，《中国行政管理》2004 年第 3 期。

王珺：《政企关系演变的实证逻辑——我国政企分开的三阶段假说》，《经济研究》1999 年第 11 期。

王晓辉：《择校现象的国际观察与我国的政策选择》，《比较教育研究》2009 年第 8 期。

王永红：《城市社区治理中政府的角色定位及其职能》，《城市问题》2011 年第 12 期。

翁定军：《超越正式与非正式的界限——当代组织社会学对组织的理解》，《社会》2004 年第 2 期。

吴金群、廖超超：《嵌入、脱嵌与引领：浙江的省市县府际关系改革及理论贡献》，《浙江社会科学》2018 年第 11 期。

吴金群：《统筹城乡发展中的省管县体制改革》，《经济社会体制比较》2010 年第 5 期。

吴唯佳：《苏锡常周边县级市撤县设市后的城市发展战略探讨》，《城市规划》1997 年第 6 期。

吴晓林、张慧敏：《社区赋权引论》，《国外理论动态》2016 年第

9 期。

吴晓林：《"小组政治"研究：内涵、功能与研究展望》，《求实》2009 年第 3 期。

吴晓林：《中国的城市社区更趋向治理了吗——一个结构—过程的分析框架》，《华中科技大学学报》（社会科学版）2015 年第 6 期。

夏雪、舒秋贵：《宜宾市"撤县设区"背景及影响分析》，《西华师范大学学报》（自然科学版）2018 年第 1 期。

向静林：《结构分化：当代中国社区治理中的社会组织》，《浙江社会科学》2018 年第 7 期。

谢庆奎：《中国政府的府际关系研究》，《北京大学学报》（哲学社会科学版）2000 年第 1 期。

熊光清：《从辅助原则看个人、社会、国家、超国家之间的关系》，《中国人民大学学报》2012 年第 5 期。

徐理响：《现代国家治理中的合署办公体制探析——以纪检监察合署办公为例》，《求索》2015 年第 8 期。

徐长玉：《传统体制下的政企关系及其演进》，《延安大学学报》（社会科学版）1997 年第 3 期。

颜昌武：《基层治理中的"谋生式"行政——对乡镇政府编外用工的财政社会学分析》，《探索》2019 年第 3 期。

颜昌武：《刚性约束与自主性扩张——乡镇政府编外用工的一个解释性框架》，《中国行政管理》2019 年第 4 期。

杨爱平：《论区域一体化下的区域间政府合作——动因、模式及展望》，《政治学研究》2007 年第 3 期。

杨光斌：《制度范式：一种研究中国政治变迁的途径》，《中国人民大学学报》2003 年第 3 期。

杨龙：《地方政府合作的动力、过程与机制》，《中国行政管理》2008

年第 7 期。

杨雪冬：《压力型体制：一个概念的简明史》，《社会科学》2012 年第 11 期。

姚中杰、尹建中：《县改市：推进中国特色城镇化的有效路径》，《金融教育研究》2013 年第 6 期。

叶静：《地方软财政支出与基层治理——以编外人员扩张为例》，《社会学研究》2016 年第 1 期。

叶林、杨宇泽：《中国城市行政区划调整的三重逻辑：一个研究述评》，《公共行政评论》2017 年第 4 期。

殷洁、罗小龙：《从撤县设区到区界重组——我国区县级行政区划调整的新趋势》，《城市规划》2013 年第 6 期。

郁建兴、高翔：《地方发展型政府的行为逻辑及制度基础》，《中国社会科学》2012 年第 5 期。

喻少如：《论行政给付中的国家辅助性原则》，《暨南学报》（哲学社会科学版）2010 年第 6 期。

喻匀、陈国权：《一统体制、权力制约与政府创新——访浙江大学中国地方政府创新研究中心主任陈国权教授》，《新视野》2011 年第 5 期。

袁方成、邓涛：《从期待到实践：社区社会组织的角色逻辑——一个"结构-过程"的情境分析框架》，《河南大学学报》（社会科学版）2018 年第 7 期。

张传有：《社会契约论与民主政治》，《江苏行政学院学报》2010 年第 5 期。

张春照：《新时代城乡社区治理法治化》，《重庆社会科学》2018 年第 6 期。

张汉：《"地方发展型政府"抑或"地方企业家型政府"？——对中

国地方政企关系与地方政府行为模式的研究述评》，《公共行政评论》2014 年第 3 期。

张紧跟：《从行政赋权到法律赋权：参与式治理创新及其调适》，《四川大学学报》（哲学社会科学版）2016 年第 6 期。

张京祥：《国家—区域治理的尺度重构：基于"国家战略区域规划"视角的剖析》，《城市发展研究》2013 年第 20 期。

张军：《为增长而竞争：中国之谜的一种解读》，《东岳论丛》2005 年第 4 期。

张蕾、张京祥：《撤县设区的区划兼并效应再思考——以镇江市丹徒区为例》，《城市问题》2007 年第 1 期。

张力：《国家所有权遁入私法：路径与实质》，《法学研究》2016 年第 4 期。

张鲁萍：《私主体参与行政任务的界限研究》，《北方法学》2016 年第 3 期。

张千帆：《宪政、法治与经济发展：一个初步的理论框架》，《同济大学学报》（社会科学版）2005 年第 2 期。

张清：《包容性法治框架下的社会组织治理》，《中国社会科学》2018 年第 6 期。

张文龙：《城市社区治理模式选择：谁的治理，何种法治化？——基于深圳南山社区治理创新的考察》，《河北法学》2018 年第 9 期。

张义文、张素娟、赵英良：《对城市化"整县改市"模式的思考》，《地理学与国土研究》1999 年第 1 期。

张莹、刘美平：《政企关系走势的深层反思和重新定位》，《哈尔滨学院学报》（社会科学）2001 年第 6 期。

章志远：《法治政府建设的三重根基——〈法治政府建设实施纲要（2015-2020 年）〉精神解读》，《法治研究》2016 年第 2 期。

周飞舟：《锦标赛体制》，《社会学研究》2009 年第 3 期。

周菲：《政企关系：一个世界性课题》，《中国行政管理》1998 年第 1 期。

周黎安：《晋升博弈中政府官员的激励与合作》，《经济研究》2004 年第 6 期。

周黎安：《中国地方官员的晋升锦标赛模式研究》，《经济研究》2007 年第 7 期。

周黎安：《行政发包制》，《社会》2014 年第 6 期。

周鲁耀：《"统合治理"：地方政府经营行为的一种理论解释》，《浙江大学学报》（人文社会科学版）2015 年第 6 期。

周鲁耀：《"统合治理"模式下的高廉政风险及其制约监督研究》，《浙江大学学报》（人文社会科学版）2017 年第 2 期。

周望：《"领导小组"如何领导？——对"中央领导小组"的一项整体性分析》，《理论与改革》2015 年第 1 期。

周雪光：《一叶知秋：从一个乡镇的村庄选举看中国社会的制度变迁》，《社会》2009 年第 3 期。

周雪光：《国家治理逻辑与中国官僚集团：一个韦伯理论视角》，《开放时代》2013 年第 3 期。

周雪光：《从"黄宗羲定律"到帝国的逻辑：中国国家治理逻辑的历史线索》，《开放时代》2014 年第 4 期。

周雪光：《中国国家治理及其模式：一个整体性视角》，《学术月刊》2014 年第 10 期。

周雪光：《从"官吏分途"到"层级分流"：帝国逻辑下的中国官僚人事制度》，《社会》2016 年第 1 期。

朱鸿伟：《政企关系的国际比较及启示》，《南方经济》2003 年第 1 期。

二 外文文献

（一）著作

D. B. Massey, *Spatial Divisions of Labor: Social Structures and the Geography of Production*, London: Routledge, 1995.

D. C. North, *Institutions, Institutional Changes and Economic Performance*, Cambridge: Cambridge University Press, 1990.

G. J. Stigler, *The Citizen and the State: Essays on Regulation*, University of Chicago Press, 1975.

Norman Palmer, *The New Regionalism in Asia and the Pacific*, Lexington: Lexington Books, 1991.

P. Studenski, *The Government of Metropolitan Areas in the United States*, National Municipal League, 1930.

R. Putnam, R. Leonardi, R. Nanetti, *Making Democracy Working: Civic Tradition and Modern Italy*, Princeton: Princeton University Press, 1993.

R. A. Musgrave, *The Theory of Public Finance: A Study of Public Economy*, New York: McGraw-Hill, 1959.

Richard. W. Tresch, *Public Finance: A Normative Theory*, Pittsburgh: Academic Press, 1981.

Sullivan Helen, Skelcher Chris, *Working Across Boundaries Collaboration in Public Service*, New York: Palgrave Macmillian, 2002.

W. E. Oates, *Fiscal Federalism*, New York: Harcourt Brace Jovanovich Inc. , 1972.

（二） 期刊论文

C. M. Tiebout, "A Pure Theory of Local Expenditures, "*Journal of Political Economy* 64(1956): 1416-4241.

Chenggang Xu, "The Fundamental Institutions of China's Reforms and Development", *Journal of Economic Literature* 49(2011): 1076-1151.

Erhard Friedberg, Emoretta Yang, "Local Orders: The Dynamics of Organized Action, "*Contemporary Sociology* 6(1998): 600-601.

F. A. Hayek, "The Use of Knowledge in Society, "*The American Economic Review* 4(1945): 519-530.

James M. Buchanan, "An Economic Theory of Clubs, " *Economica, New Series*, 32(1965): 1-14.

K. Newton, "Metropolitan Governance, " *European Political Science* 3 (2012): 409-419.

R. C. Feiock, "Metropolitan Governance: Conflict, Competition and Cooperation, "*Social Contracts & Economic Markets* 4(2004): 463-464.

W. E. Oates, "Toward A Second-Generation Theory of Fiscal Federalism, " *International Tax and Public Finance* 4(2005): 349-373.

后 记

本书是我近年来从事当代中国政治与地方治理研究的相关成果的一个集中体现。自 2009 年进入浙江大学公共管理学院就读行政管理专业以来，9 年间我始终坚持以"求是精神"对待学习和研究工作，在攻读博士学位期间笔耕不辍，发表学术论文 20 余篇。2018 年博士毕业后，我进入深圳大学工作，近 3 年也发表学术论文 20 余篇。我在学术上是个愚笨之人，虽偶有"奇思妙想"，但无奈我这个"博士"在学术上的宽度"博"而有余，在专业领域的精深之处"研"而不透，因此只得以"量"代"质"，在不同的却又彼此相关的议题上努力探索，其间偶有得意之作，但也有诸多令人遗憾之处。虽不敢自称已成为某一领域的专家，但自认为在地方治理领域还是有着些许独到的见解。这些见解是否成立，仍有待诸位学术同人及历史的检验。

在本书付梓之际，我要感谢给予我大力指导的恩师陈国权教授。陈国权教授是权力制约与监督以及地方政府治理与创新领域的知名专家。在我五年的博士求学生涯中，陈国权教授给予了我无私的帮助和大力支持。在博士学位论文的选题方面，他给予了我最大的宽容与谅解，使我能够在自己感兴趣的领域一试身手。与此同时，五年来连续参与三个国家社会科学基金重大项目研究的经历也让我受益良多。他严谨的学风以及睿智的思考深深地影响了我的科研之路。另外，也要感谢我在博士生阶段的合作导师郑春燕教授。郑春燕教授是行政法领域的"80后"专家。郑春燕教授在新行政法领域的研究为我开启了新的研究思路，更是成了我从事学术研究灵感的重要来源。与此同时，也要感谢两个师门大家庭对我的关心和关爱。"陈门"的各位师兄师姐在我攻读博士学位时对我帮助良多，师弟师妹们也与我结下了深厚的友谊，并在学术和生活上互相支持；"郑本清源"团队的小伙伴们都极富有热情和耐心，我很感激与各位同门的相识和相知，感谢在一路前行的过程中给予我帮助、关心和支持的朋友们！

我还要感谢深圳大学城市治理研究院。研究院的各位领导和老师对我这个学术新人不断提携与帮助，使我可以在这里快速成长并在政治学界"90后"青年学人中占有一席之地。本书的出版特别要感谢黄卫平院长、陈家喜院长、陈文院长的大力支持，他们为我提供了宝贵的学术成长机会，在为人处世、职业发展方面给予我关心与指导。感谢谷志军副院长在本书出版过程中的鼎力相助。谷志军副院长既是我的同门师兄，更是我在深圳大学工作期间的领导。近年来，他在我的学术成长之路上给予我极大的关心、帮助和指导，可以说，没有他，就没有我工作以来的学术成就。也要感谢城市治理研究院的各位同人，期待未来可以与大家继续共同进步！

感谢给予我帮助的学界同人、期刊界各位编辑老师。也要感谢本书部分章节的合作者周鲁耀、王频、谢佳、张演锋、马春暖、谢靖阳、刘垚伶、吴昊、尹璐，是你们的聪明才智使本书增色不少。感谢社会科学文献出版社，尤其是王绯、黄金平两位老师在本书出版过程中所付出的艰辛劳动。感谢张倩在本书校对过程中的辛苦付出。在本书选题重新调整过程中，上海交通大学赵吉博士、吉林大学张力伟博士提供了宝贵的意见和建议，在此对他们表示诚挚的谢意！尤其还要感谢的是史林先生，他为本书最终正式出版做出了十分重要的贡献！

最后，感谢我的父母。三十年养育之恩无以为报，没有他们对我求学、事业选择的理解与支持，就没有我的今天。无论我选择从高中的"理科生"跨向大学的"文科生"，还是从大学时代的"公共管理"跨向工作以后的"政治学"，我都得到了家人的鼎力支持。

谨以此书献给我的家人和学生们。

陈科霖

2024 年 1 月于深圳大学丽湖校区守正楼

图书在版编目（CIP）数据

地方治理的实践现象及其逻辑解释／陈科霖著. --

北京：社会科学文献出版社，2024.6

ISBN 978-7-5228-3208-1

Ⅰ.①地…　Ⅱ.①陈…　Ⅲ.①地方政府-行政管理-

研究-中国　Ⅳ.①D625

中国国家版本馆 CIP 数据核字（2024）第 023713 号

地方治理的实践现象及其逻辑解释

著　　者／陈科霖

出 版 人／冀祥德

责任编辑／黄金平

责任印制／王京美

出　　版／社会科学文献出版社·文化传媒分社（010）59367004

　　　　　　地址：北京市北三环中路甲 29 号院华龙大厦　邮编：100029

　　　　　　网址：www.ssap.com.cn

发　　行／社会科学文献出版社（010）59367028

印　　装／三河市尚艺印装有限公司

规　　格／开 本：787mm × 1092mm　1/16

　　　　　　印 张：15　字 数：201 千字

版　　次／2024 年 6 月第 1 版　2024 年 6 月第 1 次印刷

书　　号／ISBN 978-7-5228-3208-1

定　　价／108.00 元

读者服务电话：4008918866